ㅂ, ㅇ의, 국가

주제와 논제

아르노 기그

민혜숙 옮김

東文選

법, 정의, 국가

주제와 논제

Arnaud Guigue

Droit, Justice, État

차 례

I

법의 문제

우리가 파업할 권리, 투표할 권리, 우리의 선택에 따라 종교 예식에 참여할 권리가 있다고 말할 때 우리는 권리를 우리에게 인정된 권력이라는 의미로 이해하고 있는 것이다. 금지하기는커녕 법은 우리에게 자유의 영역을 결정해 준다. 이러저러한 일을 할 권리가 있다는 것은 그때마다 새로운 자유를 행사함을 의미한다. 왜냐하면 나의 권리는 법에 의해서 보호되고 보장받기 때문이다. 권리를 소유한 누군가가 합법적으로 그 권리를 행사하는 것은, 말하자면 어떤 것도 그 권리의 행사를 방해할 수 없다는 사실을 전제로 한다. 이 점에 관해서 **누가 권리의 주체인가**를 알아보는 문제가 제기된다.(주제 1. 동물도 권리를 가지고 있는가?)

우리는 인간만이 권리의 주체라고 생각하는 경향이 있다. 왜냐하면 인간은 간단히 말해서 권리의 소유자이기 때문이다. 그러나 이러한 자격의 독점권은 두 가지 면에서 갈수록 도전을 받고 있다. 하나는 인간의 우위에 있는 사회 집단에 의해, 또 하나는 인간의 하위에 있는 살아 있는 자연에 의해서이다.

법은 신체적인 인간 이외에도 사실상 도덕적 인간의 존재를 인정하고 있다. 얼마 전부터 새로운 형법은 도덕적 인간으로서 **형법**

상의 책임을 져야 할 경우를 고려하고 있다. 예를 들면 오늘날은 어떤 시도도 형법상으로 추적당할 수 있다는 의미이다. 이것은 책임성에 대한 개념을 수정하게 한다. 권리의 주체는 자기의 행동을 책임져야만 하며, 이것은 그가 책임질 수 있다는 것을 전제로 한다. 그렇다면 집단의 책임이란 무엇인가? 그것은 개인의 책임을 희석시키는 것은 아닌가?

자연과 동물의 차원에서도 역시 그 문제에 직면할 가능성이 있다. 우리가 특권을 누린다고 하는 것은 바로 그러한 점에서이다. 우리는 동물들의 권리, 다시 말해 자연의 권리에 대해 말하는 것을 일반적으로 듣고 있다. 이 점에 대해서 동물의 권리에 대한 국제선언이 존재하는 것을 알아야 한다. 그 선언은 유네스코를 통해 1978년 10월 15일 파리에서 공표되었다. 그것은 동물들을 권리의 주체의 대열에 놓고 생각하게 만드는데, 그 중요성은 인식되지 않고 때로 아주 애매하게 남아 있다. 누가 권리를 가질 자격이 있는가 하는 문제는 어떤 존재도 권리를 가질 수 있다는 것을 정당화하고자 한다.

이것은 새로운 문제를 제기한다. 권리는 의무와 어떠한 관계가 있는가? 실제로 의무와 권리는 서로 교체할 수 있다. 나의 권리 행사는 타인들에게는 의무의 반대 급부이다. 만일 내가 파업할 권리를 가지고 있다면, 다른 사람들은 이 권리를 존중해야 할 의무를 가진다. 반대로 나의 의무는 타인들의 권리에 상응한다. 따라서 사람들은 그들이 서로 일치할 때 권리, 혹은 의무라는 용어를 구분 없이 사용할 수 있다.

하지만 우리가 동물을 해롭게 하지 말아야 할 의무가 있다는 구실하에 동물에게도 권리가 있다고 추론하는 것은 위험한 일이다.

모든 의무가 필연적으로 어떤 권리로 귀착되는 것은 아니다. 우리는 권리가 우선이며, 권리는 의무의 기초가 된다는 생각에 따라 살고 있다. 그러므로 우리는 타인의 개성이 나에게 어떤 특별한 의무도 촉구하지 않는다고 주장할 수도 있다. 그것이 바로 오귀스트 콩트*가 주장한 명제이다. **의무는 빚을 의미한다.** 그러므로 콩트는 개인은 인류에 대해서만 빚을 지고 있다고 생각한다. 왜냐하면 개인이란 선조들이 남겨 놓은 인류의 유산이 없다면 아무것도 아니기 때문이다. 우리의 지식, 우리의 취미, 우리가 자신을 표현하는 언어, **우리의 모든 것은 우리가 태어나는 것을 지켜본 사회에, 더 일반적으로 말하면 인류에게 우리가 빚지고 있음을 보여 준다.** 그리고 우리가 인류에게 공헌을 한다 해도 이러한 빚에 대해 완전하게 보상할 수는 없을 것이다. 우리가 주는 것의 비율은 받는 것에 비하면 너무도 미미하다. 콩트는 "개인은 의무를 행하는 권리 외에 다른 권리를 가지지 않는다"고 쓰고 있다. 우리의 의무가 권리에 부응하게 되면 개인은 그 자신의 인격에 대해서 오직 자신에게만 신세진다는 것을 인정해야 할 것이다. 그러나 과거 인류의 관

＊Auguste Comte: 프랑스의 철학자, 사회학의 창시자. 콩트는 여러 사회적·역사적 문제에 관하여 온갖 추상적 사변(思辨)을 배제하고 과학적·수학적 방법에 의해 설명하려고 하였다. 또한 그의 유명한 3단계 법칙에서는 인간의 지식의 발전 단계를 신학적·형이상학적·실증적인 세 가지로 구분하고, 최후의 실증적 단계가 참다운 과학적 지식의 단계라고 주장하였다. 나아가 실증 과학의 체계는 대상의 복잡성에 따라 차례로 수학·천문학·물리학·화학·생물학·사회학(질서에 대응하는 사회정학(社會靜學)과 진보에 대응하는 사회동학(社會動學)으로 구분된다)으로 성립된다고 생각하였다.

저서로는 《실증 철학 강의 *Cours de philosophie positive*》(6권, 1830~1842)와 《실증 정치 체계 *Système de politique positive, ou trait de sociologie, instituant la religion de l'humanité*》(4권, 1851~1854) 등이 있다. 〔이하 역주〕

점에서 본다면 그것은 무지로 과장된 오만이다!

그러므로 권리란 우선 어떤 인물의 권리를 지칭한다. 때문에 우리는 그러한 권리를 주관적인 권리라고 부른다. 그러나 권리는 또한 다른 방향을 향하고 있다. 따라서 권리는 **가치의 규범**처럼 보인다. 그것은 객관적인 권리이다. 규범은 평가의 도구처럼 작용한다. 규범은 또한 정의와 불의를 측정하는 표준으로 사용된다. 이러한 형태의 권리는 법의 실재 안에서 나타난다.

법은 각 주체의 권리를 규정하는 법률들로 구성되어 있다.

법률에서부터 출발해서 우리는 정의에 대한 이상적이고도 보편적인 규범을 정해 주는 자연법까지 거슬러 올라갈 수도 있고, 개별적인 경우에 법률을 적용하는 방향으로 내려갈 수도 있다. 후자의 경우 정의와 관련된 문제에서 검토될 것이다. 첫번째로 이것은 자연법과 실정법을 구분하는 문제를 다룬다. 주제 2(법은 힘을 가지고 있는가?)에서 우리는 실정법을 초월하는 독립적인 자연법의 불확실한 존재에 대해 토의할 것이다.

법률이 단순하고 순수하게 법과 혼동되기에 우리는 실정법만 존재한다고 인정할 수 있다. 반대로 법률의 가치는 그 체제에 있는 것이 아니고, 정의에 대한 보편적인 규범과 체제를 연결해 주는 관계에 있다. 그런데 정의는 규범의 유일한 근거가 된다.

주제 3(인간의 권리와 시민의 권리를 별개로 인식할 수 있는가?)은 인간의 권리에 대해 질문하면서 자연법의 자세한 내용을 설명하는 데 쓰인다. 그렇게 해서 주제 3은 그 이상성(idéalité)의 한계 안에 갇힌 자연법이 만들어 낼 수 있는 아포리마(궁지)를 살펴본다. 법은 바라는 것들을 공식화하는 것으로 만족할 수 없다. **법의 효력은 실정법 안에 기입됨으로써 발생한다.**

마지막으로 법 제정의 문제가 제기된다.(주제 2, 주제 3과 마찬가지로) 법은 권력에 의해서 행사된다. 위반을 벌하기 위한 힘이 없다면 법은 더 이상 존중되지 않을 것이다. 그러나 권력과 법의 불가피한 연합에 있어서 권력이 법을 오염시키는지 주의해야만 한다. **왜냐하면 어떤 법도 권력으로부터 생겨나서는 안 되기 때문이다.** 게다가 권력은 집단에 적용되며 기계적이다. 인간을 복종시킴으로써 법은 인간의 가치를 저하시키고 인간을 인간 조건 이하로 낮춰 버린다. 또한 법은 인간 의지의 자유에 호소함으로써 인간을 다시 세우고 똑바로 유지시켜 준다.

주제 1 동물도 권리를 가지고 있는가?

20세기 들어와 우리는 진정한 권리의 팽창을 맛보게 되었다. 인간의 권리에 어린아이들의 권리에 대한 특별한 선언이 덧붙여졌다. 마찬가지로 사람들은 여성에게 고유한 권리들을 요구하고 있다. 그리하여 어떤 사람들은 권리의 개념을 동물계에까지 확장하고자 하였다. 그런데 문제는 동물의 권리에 대해서 논하는 것이 의미가 있는가를 알아보는 것이다.

이러한 질문은 동물들에게 가해지는 운명을 고려함으로써 생겨난다. 가장 극단적인 태도는 동물들에게 살 권리를 인정하라고 주장하는 것일 터이다. 그러한 경우 인간은 어떤 동물이든지 그 생명을 죽일 수 없다는 금지를 당하게 될 것이다. 그러면 불가피하게 채식주의자가 되어야 할 것이다! 그러나 반대로 필연적이지는 않더라도 적어도 인간을 위해서 동물의 생명을 희생하는 것이 유용하다고 생각하는 사람에게, 우리는 그럼에도 불구하고 동물에게 고통은 덜어 줄 수 있지 않느냐고 요구할 수 있다. 간단히 말해서 다시 주요한 문제가 되는 것은, 인간은 동물들을 학대하고 동물에게 부당한 고통을 주어도 벌을 받지 않을 수 있다는 점이다. 예를 들면 동물을 도살하는 경우나 과학적인 실험에 사용할 경우에 그렇다. 이런 이유로 인해 생체해부학은 대개 비난받는 실험이다. **그러므로 동물의 이름으로 요구되는 것은 본질적으로 학대받지 않을 권리이다.**

고통의 표지들을 보여 주는 어떤 동물의 광경이 우리 눈에 가증스러운 특성을 띠고 있다는 것은 물론이다. 우리는 그러한 장면에 감동을 한다. 그렇다고 해서 동물에게 행해진 나쁜 행위를 벌하는 것이 동물들이 지닌 권리와 상응하는 것인가? **불필요한 고통을 피해야 한다는 인간의 의무가 동물들의 실제적인 권리와 일치하는가?**

마지막으로 모든 동물들은 같은 차원에 놓여 있지 않으며, 파리의 고통은 개나 고양이의 고통보다 우리에게 관심이 덜하다는 문제가 남아 있다. 그러므로 모든 동물들의 권리를 인정하는 일이 요구되어야 하는가? 어떤 명분으로 몇몇 동물들은 권리의 특혜를 가지는데 다른 동물들은 그렇지 못한가?

1. 기계는 권리를 가지지 못한다

- 동물이 권리의 주체인지 아닌지를 알아보는 문제는 동물의 본

성에 대해 사람들이 가지고 있는 관념에 따라 좌우된다. 우리는 우선 데카르트의 논리에 따라 동물에 대해 생각해 볼 수 있다. 그렇다면 동물은 사물일 뿐이며, 인간만이 유일한 권리의 주체라는 점에서 동물의 권리를 전혀 인정하지 않게 된다.

동물들이 사고(思考)를 한다는 생각은 인정할 수가 없다. 데카르트에 의하면 동물들은 기계처럼 여겨진다. 그것은 짐승들의 모든 움직임은 그 기관들의 체질만으로도 기계적으로 설명될 수 있다는 의미이다. 만일 우리가 동물에게 사고 기능을 빼놓고 그 덩치만 존재한다고 인정한다면 동물들은 단순한 물질적인 육체의 덩어리에 불과한 것으로 환원된다. 동물들은 자동 인형처럼 행동할 것이다. 문자 그대로의 의미에서 자동 인형이란 "스스로 움직이는 기계이다."

우리를 기만하는 것은 동물의 신체와 인간의 신체가 외적으로 유사하다는 것이다. 이러한 이유 때문에 동물들은 인간들처럼 사고 기능을 부여받았을 것이라고 생각된다. 그러므로 데카르트의 독창성이란 역설적으로 가장 눈에 띄지 않는 곳, 즉 동물과 기계 사이에 유사성을 확립한 것이다. 그것들의 공통적인 특성을 설명하는 데는 기계적인 기능이면 충분하다. 동물 기계는 인간에 의해서 제작된 것보다 더 말을 잘 듣는다는 한 가지 우월성이 있다. 기계는 그것이 어떤 것이라 해도 권리가 없다. 왜냐하면 기계는 인격이 아니기 때문이다.

- 그렇다면 무엇이 인간을 특징짓는가?

데카르트에 따라서 우리는 인간과 동물을 특별하게 구분하는 '아주 확실한 두 가지 방법'을 제시한다. 첫째, 인간은 언어를 가지고 있으며, 언어에 의해서 사상과 견해를 나타낸다. 데카르트는 다음과 같이 썼다. "즉 우리는 기계도 말을 하도록 만들어질 수 있다는 것을 인식할 수 있다……. 그러나 기계는 그 면전에서 말해지는 모든 것의 의미에 합당하게 대답하기 위해 그 말들을 다양하게 배열할 수 없다."(《방법서설》, 5장)

둘째, 인간은 다른 상황에 적응하는 능력을 가지고 있다. 인간은 상황에 따라 자신의 행동을 조정할 수 있다. 그것은 인간의 행동이 이성에 의해서 인도되고 있다는 증거이다. 동물도 때로 몇 가지 행동에 있어서는 인간보다 더 잘 조정하는 데 성공한다. 그러나 그러한 성공은 이성이 아닌 본능에서 기인된다. 동물의 행동은 계획되어 있는 기계의 행동인 것이다. 똑같은 몸짓으로부터 벗어나기 위해서는 정신(esprit)이 있어야 하는데, 동물에게는 정신이 결여되어 있다.

• 결과적으로 인간은 동물에 대해 어떠한 의무도 없다. 데카르트에 따르면 동물들은 생명, 다시 말해서 심장의 온기와 움직임을 가지고 있을 뿐이다. 그러나 동물들이 지를 수 있는 비명은 고통으로 인해 그러는 것이 아니다. 왜냐하면 동물들은 아무것도 느끼지 못하기 때문이다. 그것은 기관의 구조와 관련된 기계적인 결과일 뿐이다. 따라서 우리가 짐승에게서 감정에 상응하는 어떤 표지를 인지한다고 생각하는 것은 인간과 동물을 그릇되게 비교하는 데서 오는 오류이다. **그러므로 기계적인 원인에 의해 생겨나는 결과만이 있을 뿐이다.** 우리가 아이를 때릴 때 소리치는 어린이의 비명은 고통을 표현한다. 우리가 동물을 몽둥이로 때릴 때 동물의 입에서 나오는 것은 우리가 종을 칠 때 울리는 종소리와 마찬가지이다.

그러므로 우리는 어떤 것의 이름으로 동물이 권리를 요구할 수 있는지 알 수가 없다. 동물은 권리를 주장하기 위해서 말을 사용할 수도 없다. **사고는 인간에게 권리의 주체라는 자격을 부여한다.** 만약 법이 규정하는 대로 우리가 인간과 사물만이 존재한다는 것을 받아들인다면 인간만이 권리의 주체가 된다. 반면에 사물의 영역 일부를 이루는 동물은 아무런 권리가 없다. 사물들과 마찬가지로 동물은 우리의 손안에 있는 도구일 따름이다.

2. 권리의 근거로서의 이해 관계

• 짐승의 장(章)에 관한 데카르트적인 태도는 데카르트가 실제로 말한 것을 넘어서는데, 그것은 오늘날 참을 수 없는 것이다. 짐승들도 사실상 감수성을 가지고 있다는 사실은 확립된 명제로 인정할 수 있다. 그러므로 동물들의 고통을 아무것도 아니라고 주장하는 것은 이치에 맞지 않는 것으로 여겨진다. 그러면 동물(animal)과 짐승(bête) 사이의 구별은 어떤 근거로 가능할 수 있는가. 동물성(animalité)은 감성을 부여받은 모든 존재들의 특성이다. 그러므로 짐승으로서의 인간은 동물이다. 그것은 인간은 이성적 동물이라는 고전적인 정의를 설명해 준다. 동물이란 종을 지시하는 말이고, 이성적이라는 말은 그 특별한 차이점을 나타내 준다. 그러므로 동물에게 이성이 결핍되어 있다는 것은 중요하지 않다. 우리가 짐승들과 고통을 공유하는 일이 남아 있다.

루소가 쓴 것처럼 "만약 내가 동료에게 어떠한 해를 끼쳐서는 안 된다면, 그것은 그가 이성적인 존재이기 때문이 아니라 지각 능력이 있는 존재이기 때문이다. 짐승과 인간에게 공통되는 특질이 있다면, 적어도 인간에 의해서 학대받지 않을 정도의 권리를 동물에게 주어야만 한다."(《불평등기원론》, 서문) 이것은 우리가 동물에 대해서 가지고 있는 의무들이 그들에게 부과되는 권리에 상응한다는 사실을 의미한다.

• 짐승의 권리에 대해서 제안할 수 있는 가장 좋은 근거는 공리주의자에 의해서 표명된다. 벤담은 다음과 같이 쓰고 있다. "문제는 '동물들에 관하여' 그들이 추론할 수 있는가? 말할 수 있는가?에 대한 것이 아니고, 그들이 고통을 느낄 수 있는가?에 관한 것이다." 벤담은 이해 관계를 가지고 있는 모든 것은 권리를 소유하며, 적어도 이러한 이해가 만족되는 것을 볼 권리를 가진다고 제안한다. **그러므로 동물들은 단순한 무생물적 대상들과는 반대로 고통받지 않기 위한 이해 관계를 가지고 있다.** 그것이 동물들에게 학대받지 않을 권리를 인정하도록 하는 것이다.

공리주의는 고통의 모든 형태를 배제하는 것은 아니다. 공리주의는 '가장 많은 수의 존재에게 가장 큰 행복'을 찾아 주고자 하는 야망을 가지고 있다. 특히 동물의 고통을 이해하는 것이 인간에게 돌아올 유용성을 감소시키지 않는다면, 왜 동물에 대한 관심을 제쳐 놓겠는가? 우리가 분개하는 것은 동물의 고통 자체가 아니라 **쓸데없는** 고통이라는 점이다. 혐오스러운 것은 동물에 대한 인간의 근거 없는 잔인성이다. 동물의 고통과 죽음이 인간 공동의 유용성을 증가시키는 데 이용된다면 정당화될 수 있을 것이다.

• 그러나 우리는 그와 똑같은 추론이 인간에 대해서도 행해질 수 있다고 반박할 수 있다. 다수의 복지만이 중요하다면 우리는 소수의 이익을 희생시키는 데 주저하지 않을 것이다. 공리주의는 희생의 원리에 근거하고 있다. 공동의 행복을 증진시킨다는 것이 증명되기만 하면, 개인에게 비인간적 과학 실험이 실행되더라도

더 이상 아무것도 반대하지 않는다. **공리주의는 인간의 권리가 박탈되는 것이 일반의 복지 향상에 의해서 보상될 수 있다면 그럴 수 있다고 암묵적으로 인정하고 있다.**

이러한 관점은 인간 권리의 절대적인 가치를 신뢰하는 사람들에게는 받아들여지지 않음과 동시에 권리의 개념을 현저하게 약화시키게 된다. 사실상 권리를 유용성에 종속시키는 것은 이해 관계를 가진 모든 것을 정당화시키는 것이다. 그것은 심지어 권리를 부인하는 것이다. 권리는 그 자체로서 가치를 지닌다. 만일 그렇지 않다면 사람들은 어떤 이해의 명분하에 권리를 침해할 수 있고, 그것은 모순적이라는 것을 암시하게 될 것이다. **그러므로 이해 관계는 어떤 권리의 근거도 될 수 없다.**

동물의 권리를 인간 권리의 모델에 따라 확립해 보려는 시도는 아마도 실패일 것 같다. 왜냐하면 그러한 시도는 궁극적으로 권리의 소멸, 따라서 인간 권리의 비실존으로 결론지어지기 때문이다. 그러므로 우리는 짐승의 고통으로부터 그들도 권리를 가지고 있다고 연역할 수는 없다.

3. 동물에 대한 휴머니즘적인 개념에 대하여

• 그러므로 인간만이 권리의 주체라고 주장하는 근거인 이성에 대해서 자세히 알아볼 필요가 있다. 이성은 우리로 하여금 인간과 짐승의 차이점에 대해 다시 생각하도록 한다. 우리는 루소처럼 "다른 동물들 중에서 인간을 특별히 구별해 주는 것은 판단력이 아니라 자유로운 행동의 주체라는 특질이다"라고 평가할 수도

있다. 사실상 루소는 우리에게 "모든 동물은 감각을 가지고 있는 이상 관념도 가지고 있다. 동물은 어느 정도 자신의 개념들을 결합하기도 한다. 이 점에 있어서 인간은 동물과 크게 다르지 않다"고 말한다. 이러한 측면에서 보면 인간과 짐승 사이에는 본질의 차이가 아니라 정도의 차이만 존재할 뿐이다.

인간은 데카르트주의가 생각하는 것처럼 이성에 의해서 특징지어지는 것이 아니라, 자유로운 동작의 주체라는 특질에 의해 특징지어진다. 짐승은 자연의 필연 법칙에 순응한다. 본능이 행동의 원리를 대신하는 것이다. 반대로 자유는 자연성에서 벗어난다. 인간은 의지에 의해서 자연의 움직임에 저항한다. 인간은 자신의 충동에 굴복하지 않을 힘을 가지고 있다. 인간의 결정은 자연적인 영향으로부터 생겨나지 않기 때문이다. 인간의 결정은 자연계 안에 무엇이라고 지적할 만한 원인이 없을 때에, 뜻하지 않은 결과가 출현할 수 있음을 나타내 준다.

• 인간이 자유롭다는 것은, 다른 말로 하면 인간은 자기 자신에게 속해 있다는 말이다. **인간은 자신에게만 의존하기 때문이다.** 인간은 자신의 주인이다. 그러므로 인간을 도구로 이용하려는 것은 모순이 된다. 그것은 또한 인간의 자유, 즉 휴머니티를 부인하는 일이 될 것이다. 그러므로 칸트는 《풍속의 형이상학적 근거》에서 "인간은 단순히 도구로서가 아니라 목적 그 자체로서 존재한다"고 쓸 수 있었다. 바로 그러한 점에서 우리는 인간에게 고유한 가치, 즉 칸트가 **존엄성**이라고 부르는 것을 인정하게 된다. 인간의 자연적인 권리를 확립하는 것은 바로 존엄성이다. 거기에서 우리는 인간의 본성에 **경외심**을 부여하게 된다.

짐승은 권리의 주체가 아니기 때문에 우리가 짐승에게 엄밀한 의미에서 존경심을 부여할 만한 이유는 없다. **짐승을 존중하더라도 인간은 동물에 대해 존경심을 갖지는 않는다.** 자연의 모든 대상들처럼 짐승이 단순한 도구로 쓰인다고 해도 거기에는 전혀 모순이 없다. 짐승은 자신이 목적이 되지 않기 때문이다. 그에게 목적을 정해 주는 작업은 인간이 하게 된다. 즉 인간이 짐승의 사용을 결정한다는 것이다.

• 동물은 어떠한 권리도 가지지 못한다. 그렇지만 인간이 동물에 대해 아무런 의무도 없다고 추론하는 것은 과연 합당한가? 동물의 권리에 대한 개념을 부정하더라도 동물의 고통은 우리에게 혐오스러워 보인다. 인간이 '그들의 열등한 형제'라고 하는 동물들에게 쓸데없이 고통을 주지 않도록 하는 의무와 동물들의 권리를 인정하기를 거듭 거부하는 일을 어떻게 조화시킬 수가 있을까?

이것은 권리의 주체가 아닌 **동물들에 대한 의무라기보다도 동물에 관하여 인간이 가지는 의무**이다. 칸트는 "인간은 인간 이외의 다른 존재에 대하여 의무를 가질 수 없다"고 썼다. 우리는 동물들에 관해 우리가 가지고 있는 의무를 마치 동물에 대한 의무로 생각하는 경향이 있다.

집에 세 든 사람은 집에 관련된 의무(적어도 집을 양호한 상태로 유지해야 한다는 의무)를 가진다. 그러나 이러한 의무는 주인의 권리와 부합된다. 나는 주인에 대하여 그의 집을 유지해 주어야 한다. 이것은 다른 사람들에 대해서 인간이 가져야 하는 의무의 특별한 경우이다.

이러한 의무들 외에도 우리는 또한 자신에 대한 인간의 의무에 대해서 생각해 볼 수 있다. 이러한 종류의 의무에 대해서는 칸트가 동물의 문제를 다룬 〈덕의 교리〉라는 장에서 다루게 될 것이다.

칸트에 따르면 **동물을 괴롭히지 않는 것은 인간 자신에 대한 의무라는 것이다.** 이와 같이 인간이 동물을 쓸데없이 괴롭힌다면 그것은 동물을 타락시키는 것보다 더욱더 인간을 타락하게 만들 것이다. 인간은 고통받는 동물의 영상 안에 자신을 투사한다. 그는 동물 대신 자신이 고통받을지도 모른다고 상상함으로써 동정심에서 이러한 존재와 공감하게 된다.

동물의 고통 속에서 인간은 자기 자신에게 닥칠지도 모르는 고통을 느낀다. 그것은 우리가 다른 동물들보다 가축을 우선적으로 생각하는 관심을 설명해 준다. 결국 모기의 고통은 우리에게 무관심하거나, 적어도 그것은 개나 고양이의 고통만큼 우리를 감동시키지 못한다. 왜냐하면 우리는 모기보다는 개나 고양이와 더 동일시하고 있기 때문이다.

짐승들의 고통을 이해하는 일이 권리 개념의 남용적인 확장으로 해석되어서는 안 된다. 어떤 존재의 절대적인 가치를 위해 **권리의 주체만이** 권리를 가진다. 따라서 **인간이 가치를 가진다면 동물은 값을 가진다**라는 말을 상기해야만 한다. 어떤 인간도 다른 사람의 주인이 될 권리는 없다. (이 권리는 노예의 금지로 시작된다.) 반대로 동물을 좋아하는 사람은 자신이 소유한 개나 고양이가 그의 배타적인 소유라는 것을 부인할 수 없다. 이와 같이 사물에 대한 소유권은 있지만, 인간에 대한 소유권은 없다.

우리는 사물과 인간 사이에 아무것도 인정하지 않는 권리는 잘못 만들어진 것이라고 주장할 수 있을 것이다. 왜 동물들에게 특별한 지위를 부여하지 않는가? 동물들도 감수성을 가지고 있다는 것, 그것이 우리에게 동물에 관련된 의무를 만들어 낸다는 것을 더 이상 부인하려고 생각지는 않는다. 그러나 이러한 의무들은 우리에게 동물들에 대한 것이 아닌 인간 조건에 대한 의무를 강요한다. 이러한 자격으로 동물들은 사물들과 다를 것이 없으며, 권리가 더 이상 확장되기를 원치 않는다. 우리는 동물들에게 단 한 가지 권리, 즉 학대받지 않을 권리만을 인정하면서 왜 다른 권리들, 예를 들면 행복하게 될 권리를 부여하지 않는가?

동물들에 대한 권리 영역을 여는 일은 인간의 권리 영역을 닫는 일과 같다.

【참고 사항】

이러한 주제를 다룰 때 어떻게 해서라도 꼭 피해야 할 암초는 바로 지나친 감상벽이다. 우리는 동물을 다루는 방식에서 인간이 보여 주는 비인간성을 과장해서 표현하는 것으로 만족할 수는 없다. 하지만 그 문제에 대한 설명은 동물의 고통 장면이 불러일으키는 연민에 근거한 이데올로기적인 변호에 빠져서는 안 된다.

우리가 다른 동기들 때문에 인정할 수 있는 짐승들의 고통과 권리의 문제에 관련된 것을 구분하는 일이 중요하다. 이 문제에 대해 가장 일상적으로 저지르는 악은 동물을 고통스럽게 해서는 안 된다는 이유로 동물들도 권리를 가지고 있다고 생각하는 것이다. 따라서 권리와 의무를 함께 자세히 공부해 보는 것이 중요하다. 모든 의무가 필연적으로 어떤 권리에 일치하는 것은 아니다.

이 주제는 두 길을 마주 보고 있는데, 이 두 길은 결국 서로 교차될 것이다. 그 하나는 인간과 짐승 사이의 고전적인 비교에 의한 길이고(그들 상호간의 특징들은 무엇인가?), 다른 하나는 존재가 권리의 주체라는 것에 대해서 질문하는 길이다. 이 후자의 질문은 결정적으로 주체에게 주요한 목적을 형성한다.

주제 2 법은 힘을 가지고 있는가?

법은 하도록 허락된 것과 해서는 안 되는 것 사이를 분할한다. 금지하면서도 법은 자유를 주장한다. 어떤 일을 시작할 권리를 가진다는 것은 그 일을 할 자유가 있다는 것을 의미한다. 그러므로 법은 그가 결정하는 모든 것의 영역을 보장한다.

그 다음에 중요한 것은 권리가 존중되고 지속되는 일이다. 그러므로 문제는 무엇이 권리 안에다 그 책임의 힘을 설정해 놓았는지를 알아내는 일이다. 권리가 침해되거나 위반될 때, 권리가 힘에 호소한다는 것은 부인할 수 없는 사실이다. 그러나 이러한 힘이 권리의 근거를 이루고 있는가? 오히려 권리가 사용하는 것은 외부에서 덧붙여진 힘이 아닌가? 그러므로 **권리의 본질 자체로부터 흘러나온 (의무의) 힘에 관련된 것과 권리를 뒷받침하는 (물리적인) 힘**을 구분하는 것이 편리하다.

만일 권리가 그것을 행사하게 만드는 힘에 의해서만 가치를 지닌다면 권리는 그 자체의 힘을 가진 것이 아니다. 권리를 확립해 주는 것은 힘이다. 만일 반대로 권리 자체의 힘이 있다는 것에 동의한다면, 우리는 힘을 제외하고도 권리를 세울 수 있는 것이 무엇인가를 알아보아야만 한다.

그러므로 권리의 강제력은 어디에서 오는가, 그리고 힘의 권력이 아닌 것은 무엇인가?

1. 힘의 법

• 우리는 우선 자연의 권리만이 존재한다는 것, 그리고 그 권리는 가장 강한 것의 권리와 일치한다는 것을 생각할 수 있다. 그것은 플라톤의 《고르기아스》에 나오는 칼리클레(Calliclès)의 인격을 지배하는 사고이다. 칼리클레는 사람들 사이에서 인습적으로 제도화된 법률이라고 주장하는 권리와 자연에 따른 다른 권리를 단번에 구분지었다. 그에 따르면 법률에 의한 정의는 두 가지 비평을 받게 된다.

첫번째로 법률이 인간의 의지에서 나온다고 하면 각 도시는 자신에게 고유한 법을 가질 것이고, 그것은 법의 상대성으로 이르게 된다. 법에 대한 보편적인 표준이 존재하지 않는데 무슨 자격으로 어떤 법이 다른 법보다 더 좋은 것이라고 할 수 있는가? 칼리클레는 두번째로, 법률을 강자에 대한 약자의 고통의 결과로 해석함으로써 비판한다. 그는 다음과 같이 말하고 있다. "반대로 법률은 약자들과 대다수 사람들에 의해 만들어진다. 그들이 법률을 만드는 것은 자신들과 관련해서, 그리고 자신들의 개인적인 이해 관계를 위해서이다."(483b)

자연에 따른 법은 보편적이라는 장점이 있다. 왜냐하면 가장 강한 자가 가장 약한 자를 이긴다는 것은 어느 시대 어느 장소에서도 통용되는 논리이기 때문이다. 이러한 규범의 보편성은 이론의 여지가 없다. 게다가 가장 약한 자가 자연이 가장 강한 자로 선택한 사람을 제압한다는 것은 용납되지 않는다.

힘이 법을 만든다. 플라톤이 칼리클레에게 말한 것은 바로 이러한 주제에 대해서이다. "크세르크세스 1세*는 어떤 권리로 그리스에 전쟁을 가져오는가? 어떤 권리로 사르디스의 집에 그의 아버지를 데려다 주는가…? 그러나 내 생각에 모든 사람들은 법의 진정한 본질에 따라서 행동하였다."(483e) 칼리클레에 따르면 힘이 법을 결정한다. 즉 나는 내 힘이 허락하는 모든 것을 할 권리를 가진다는 것을 함축한다. **존재하는 것**, 즉 나의 능력의 실현은 **존재해야만 하는 것**, 오직 나의 힘으로만 얻을 수 있는 모든 것을 정당화해 준다.

이러한 선택에 있어서 법의 힘은 힘 자체가 될 것이다.

• 그러나 힘이 어떤 법의 근거가 된다는 것에 대해서는 의심할수 있다. 루소가 《사회계약론》(1권 3장)에서 쓴 바와 같이 힘이란 "물리적인 것을 의미하며," 그 힘에 굴복하는 것은 "의지가 아니라 필연적인 행동이다." 우리는 우리의 힘보다 더 강한 힘에 굴복하는 것을 선택하지 않는다. **강압**에 의해서 굴복할 수밖에 없다. 법이 힘에 의해 인정되는 때부터 법은 더 이상 법이 아니다. 만일 우리가 무력으로 무엇인가를 요구한다면 법에 호소하는 것은 쓸데없는 일이다.

법은 힘을 배제한다. 왜냐하면 법은 정확하게 가장 강한 자의 통

---

* 크세르크세스(Xerxès) 1세는 고대 페르시아 제국의 제4대왕(B.C.465)이자 다리우스 1세의 아들로 제3차 페르시아 전쟁을 일으켜 그리스에 원정하였으나 살라미스 해전에서 패하였다. 재위 기간은 B.C.486~B.C.465년이다.

치를 금지한다. **법은 자유로운 동의 위에 세워져 있다.** 힘은 힘의 관계를 확립함으로써 억압한다. 그리고 바로 거기에서 법은 **강제한다.** 우리는 의지로 법에 굴복해야만 한다. 왜냐하면 그것은 법이기 때문이다.

간단히 말해서 힘은 어떠한 **가치도** 제시하지 않는다. 힘은 **사실들에** 일치한다. 힘은 그것이 무엇인지를 정의해 준다. 법은 되어야 할 것, 즉 정의와 관계 있다. 그러므로 되어야 할 존재는 현 존재로부터 추론될 수 없다. 나의 힘이 나보다 더 약한 자의 지갑을 강탈하는 것을 허용한다는 사실로부터 그것이 바로 권리라고 결론을 내릴 수는 없는 것이다. **그러므로 힘은 어떠한 권리도 가지지 못한다.**

법은 힘이 숨어 있는 가면인데, 힘은 그 가면을 절대로 벗을 수가 없다. 힘의 약함, 그것은 현재 순간만으로 살아간다는 것이며, 그 약함을 대체할 만한 다른 강한 우월한 힘이 늘 존재한다는 것이다. 가장 강한 자는 실제적인 힘이 강하다. 그래서 그 힘이 구현하는 척 가장하는 법은 사실상 극도의 허약함을 감추기 위한 외적인 덧붙임에 불과하다. 힘은 법으로 변화되지 않는다. 힘은 법을 만들고, 그 법은 최소의 비용으로 효과를 지속시킬 수 있을 것이다.

따라서 힘은 법을 만들지 않는다. 그러므로 만일 법이 힘을 가지고 있다 해도, 그것이 힘의 법이 아니라는 사실은 명백하다. 게다가 그러한 법은 진정으로 의미를 가지지 못하는 표현에 불과하다. 힘에 따라서 변하는 법이 도대체 무엇이란 말인가? 만일 그렇다면 법에 대해 말하기 위해서 가장 강한 자가 되는 것으로 충분할 것이다.

2. 법의 힘

• 모든 힘은 그 힘이 적용되는 것의 효과를 얻고자 한다. 우리는 이 물리적인 힘이 어떻게 생기는지 말한 바 있다. 물리적인 힘의 작용은 국가적인 차원에서는 독재군주제로 해석된다. 거기에서 힘은 지배를 암시하는 능력을 행사한다. 전제적인 정부를 묘사하기 위하여 몽테스키외는 역학에서 차용해 온 쇼크의 모델을 사용한다. 그것은 명령에서 복종에 이르는 변이의 무오류성과 순간성을 가리킨다. 몽테스키외는《법의 정신》(3권 10장)에서 다음과 같이 썼다. "전제 국가에서 정부의 본질은 완전한 복종을 요구한다. 왕자의 의지가 일단 알려지기만 하면 그것은 반대표에 대해 던진 찬성 투표만큼이나 확실한 효과를 가진다." 전제 정치 체제 하에서 사람들은 논쟁할 수 없으며, 즉각 복종하는 것으로 족하다.

힘의 힘은 그 실현에 의해서 유지된다. 반면에 법의 힘은 강제하는 능력에 근거한다. **명령하는 것은 지배하는 것이 아니다.** 어떤 **권위**(un pouvoir)를 행사하는 것은 **권력**(une puissance)을 발휘하는 것과 같은 것이 아니다. 법은 명령하거나 요구하고, 사람들은 법에 복종한다. 그러므로 법은 자유 의지와의 관계를 전제로 한다. 힘은 육체와 서로 교통하고 육체에 전달된다. 바로 그러한 이유로 인간의 육체는 자연의 다른 존재들과의 관계에서 예외를 보이지 않는다. 전제적인 힘은 인간을 겁 많은 동물로 취급한다.

법은 실행되기 위해서 인정되어야 할 필요가 있다. 그래야 사람들은 법의 합법성을 인정하고, 법에 복종하거나 순응하기를 동의한다. 전제적인 국가와 법의 국가 사이에는 아무런 공통적인 척도가 없다. 법은 **멀리서도** 그 담화로 인해 얼마나 많은 사람들을 복종시키는가 하는 능력에 의해서 강화된다. 법은 사람들이 복종하게 하기 위해 말하고 이해시킨다. 그러나 힘은 말하지 않고 침묵 속에서 나타낸다.

전제주의는 **정치의** 영역 밖에서 나타날 수도 있다. 폭군과 신하 사이의 관계는 운동의 **물리학**에 의해서 기술된다. 정치적인 권리가 진정한 지위를 부여받는 것은 몽테스키외가 절충(온건)이라고 명명한 정권에서만 가능하다.

이제 법의 합법성의 근거가 무엇인지를 알아보아야 한다. 즉 인간들 사이의 계약에 근거하지 않으면 합법적인 법이란 없다. 프랑스 사고의 전통에 의하면 법치 국가는 사회 계약에서 기인된다. 루소에 따르면 그것은 만장일치의 동의를 요구한다. 만일 반대자들이 있다면 "그들의 반대는 계약을 무효화하는 것이 아니라, 단지 그들이 거기에 포함되지 않도록 막는 것이다."(《사회 계약에 대하여》, 4권 2장) 일단 계약이 조인되면 다수의 원리가 사회의 모든 구성원들을 강제한다.

법은 그 내용을 널리 알리고 법률을 통해서 실현되는데, 법률은 일반적인 의지의 표현이다. 일반적인 의지란 목소리의 수보다는 그 대상에 의해 정의된다. 의지는 그것이 일반적인 이해의 대상에 적용될 때 일반적이다. 그러므로 루소에 따르면 각 개인은 이중 의지에 의해 고무된다. 개인적인 의지에 의해서 우리는 우리의 기호를 만족시키고자 한다. 반면에 시민으로서 우리 자신의 의지이기도 한 일반적인 의지에 의해서 우리는 공동의 이해를 추구한다. 마찬가지로 어떤 법률이 투표에 의해서 설립된다면 그 법률은 시민들에게 그들이 좋아하는 것에 따라 결정하지 말고, 법률의 명제가 그들의 의지인 일반 의지에 합치하는가 합치하지 않는가에 따라서 판단하도록 요구한다. "그러므로 나의 의견과 반대되는 의견이 압도적일 때 그것은 내가 잘못 판단했다는 것을 증명하는 것이며, 내가 일반 의지라고 생각했던 것이 그렇지 않았음이 판명된 것이다. 만일 나의 개별적인 의견이 타인의 의지보다 우세할 때 나는 내가 원하는 것과는 다른 것을 했을 수도 있다. 그러므로 나는 자유롭지 않을 것이다."(4권 2장) 이렇게 해서 법률에 대해 자유로울 수도 있고, 복종할 수도 있다.

우리는 앞에서 법의 힘이 어디에 있는가를 살펴보았다. 우리는 이제 그것이 무엇인가를 정확하게 말할 수 있다. **법의 힘, 그것은 바로 법률이다.** 법률에 의해서 우리는 우리의 의지에 따라 행동하기로 약속한다. 그것은 자율성으로서 자유에 대한 정의이기도 하다.

• 만일 법이 우리 의지의 힘에 의해서 강화되는 것이 사실이라 해도, 다르게 보면 법은 분명한 약점을 보이고 있다. **만일 법이 구속력이 없이 강제하기만 한다면 법을 위반하는 것을 막을 장치가 전혀 없다.** 더 강한 힘이 누르지 않는다면 그 무엇도 행사되는 힘을 거스를 수 없다. 법에 대해 말할 것 같으면 법이 명령의 형태로 형성되기 때문에 거기에 복종하지 않을 수도 있다.

따라서 전혀 존중되지 않는 경우가 아니라면 법이 어겨질 때는 무력에 호소해야만 한다. 힘은 그 자체로는 아무런 가치를 만들지 못하며, 정의와 불의를 결정하지 않는다. 법은 정의의 규범을 정의한다. 그러나 파스칼이 쓴 것처럼 "힘이 없는 정의는 무능하다." (《팡세》, §298) 힘이 상실된 법은 환상적인 이상의 발자취일 뿐이다.

물론 사람들은 법을 원하고 법에 복종할 준비가 되어 있다. 그러나 어떤 기질과 성벽의 일부가 끊임없이 우세해질 수 있다. 그리고 사람들에게 법으로부터 멀어질 생각이 떠오른다. 오직 힘만이 그러한 생각을 억제할 수 있다.

그러므로 힘이 없으면 법은 모든 효력을 잃는다. 이 말은 우리가 이러한 명제의 의미를 무시하지 말아야 한다는 뜻이다. 법은 반박당하지 않기 위해서 힘에게 호소한다. 따라서 공권력이 문제가 된다. 이 용어는 경찰의 부서와 형사 재판을 포함하는 모든 것을 의미한다. 그러나 이 힘은 그 어느것에도 법의 합법성의 토대를 세우지 않는다. 힘의 사용——그것이 암시하는 제재와 더불어——은 법의 본질을 변화시키지 못한다. 정부는 법의 위반을 견제하고 벌을 줄 목적으로 힘을 사용한다. 그러므로 그 한 가지는 **힘으로 법을 존중하게 만드는 것**이고, 다른 한 가지는 **힘에 근거하여 법을 세우는 것**이다. 법은 그 자체로 강제력을 가지고 있는데, 그 강제력은 법을 적용하기 위해 사용된 힘에서 나온 것이 아니다.

3. 자연법의 문제

• 법은 구속력(pouvoir)이라는 힘(force)을 가지고 있다. 그러나 자연법이냐 실정법이냐에 따라서도 동일한가?

자연법의 존재에 대한 지지자들, 자연주의자들의 논문은 실정법이란 그것의 근거가 되는 기준, 즉 자연법과 관련해서만 가치를 가진다고 판단한다. 그러므로 법의 힘이 존재하는가를 알아보기 위해서 최종적으로 질문해야 할 것은 바로 이 자연법에 관해서이다. 이러한 흐름과 법적인 실증주의는 대립되는데, 법적 실증주의의 위대한 이론가는 켈젠이다.(《법의 순수 이론》) 실증주의의 주장은 실정법만이 존재한다는 것을 입증하려 한다. 따라서 이러한 학설은 어떤 자연법이 존재한다는 것을 부인한다. 실정이라는 말은 설정된, 혹은 제도화되었다는 것을 의미한다. 법적인 실증주의에 대해 말하자면 제도화된 법은 현실적인 법이다. 사람들은 이러한 체계 안에서 불합리한 법의 존재를 인식할 수 없다. 왜냐하면 법에 속하기 위해서 법률은 규정되고, 효력이 있기만 하면 충분하기 때문이다. 인습적으로 법률이 법의 표현이라고 여겨지며 법률을 확립하기 위한 조건이 법이라고 생각하는데, 사실은 법률이 우선이고 법률이 법을 결정한다.

이러한 관점에서 《정의와 효력의 이유》라는 제목의《팡세》원고에서 제시된 파스칼의 정치철학은 법적 실증주의의 주장들을 아주 명료하게 예시해 준다. 파스칼의 위대한 사상이라는 것은 법의 **체제와** 그 제도의 **토대**를 혼동하지 않는다는 점이다. 힘은 우연히 상황에 따라서 생겨나고, 관습에 의해 정당화된다. 거기에서 파스칼의 유명한 공식이 생겨나는데, 그것은 다시 몽테뉴에게서 부분적으로 다루어졌다. "관습은 그것이 받아들여진다는 이유만으로도 모든 정당성을 획득한다. 그것이 바로 권위의 신비한 토대이다."(§294) 그러므로 법은 이유 없이 우선 제정된다. 법의 탄생은 우연적이다. 그 다음에 시간이 흐름에 따라, 습관에 따라 법은 그렇게 인정된다. 사실은 법을 제정하게 만든다. 그러나 **법의 근거가 되는 것은 아니다. 힘은 아마도 처음부터 있었을 것이다. 그러나 힘이 법의 토대는 아니다.** 법이 일단 제정되면 그 반동으로 어느 정도는 사실을 법으로 변형시킨다. 따라서 파스칼이 말한 대로 중요한 본질은 관습 속에 있다. 우리는 법이 정당하고 합리적이라 믿기 때문에 법에 복종한다. 사실상 우리로 하여금 그렇게 하도록 설득하는 것은 오로지 관습이다. 법의 힘, 강제력은 법에서 나오는 것이 아니라 관습에서 기인한다.

파스칼에 따르면 이러한 사실은 진정한 법률의 원천을 밝힐 수 없는 이유를 설명해 준다. 법이 그 신용도를 잃게 될지도 모르기 때문에 "법의 시작을 숨겨야만 한다." 만일 그렇지 않으면 사람들이 법률이 정의라는 확실한 원리 위에 근거하고 있지 않다는 것을 알게 될 것이기 때문이다. 그들은 법률이 정당하다고 믿고 있는데, 사실 그렇지 않다는 것을 발견할 것이고 법의 시작이 그 합법성의 근거가 될 수 없다는 것도 알게 될 것이다. 법이 정당화되기 위해서 법 제정의 순간은 잊혀질 필요가 있다. 관습에 의해서 인증된 법률은 그 기원도 옳다는 믿음을 유지하게 된다.

이러한 주장의 배후에는 파스칼의 입장에서 볼 때 파렴치는 조금도 없다. "정의는 논쟁하는 성향이 있다"는 것을 고려하면, 그는 정의롭게 여겨야 하는 나라의 법과 관습을 따르도록 권유한다. 그래야만 인간은 무질서로부터 보호될 것이다.

그러나 파스칼이 다루고 있는 힘이라는 것은 물리적인 힘으로 환원되지 않는다. 천만의 말씀이다. 그 힘은 상상력에 호소하는 기호의 힘에 의해서 중계되지 않으면 불완전하다. '무늬가 있는 비단옷을 입은' 사람에 대하여 파스칼은 다음과 같이 말한다. "이 옷, 그것이 바로 권력이다."《팡세》, §315) 왜냐하면 그 옷은 존경을 강요하며, 존경받기 위해 억지로 행동해야 하는 수고를 면제해 주기 때문이다. 이러한 외적인 표지는 그것에 부여된 어떤 예식을 연상시키는 상상력에 호소한다. 다른 단편에서(§308) 우리는 다음과 같은 글을 읽을 수 있다. "근위대와 군악대·수행원, 그리고 존경과 공포심을 조장시키는 모든 장치를 동반한 왕을 보는 것에 습관이 되어서, 왕이 가끔 이러한 동반자 없이 혼자 있을 때에도 왕의 얼굴은 그의 신하들에게 존경과 공포를 각인시켜 준다. 왜냐하면 사람들은 사고 속에서 그 인물들과 동행자들을 구분하지 못하며, 그들을 일상적으로 결합시키고 있기 때문이다." 따라서 힘에서 기호의 힘으로 작용하는 전이가 있게 된다. 기호의 속성은 사물을 대신하는 것이다. 법은 외적인 의식과 예식들에 의해 그 권위를 부과함으로써 가능한 한도 내에서 교회가 지녔던 세속에 대한 재판권을 부여받게 되었다. 인간은 그의 사상과 신앙에 의해서 유지된다. 순수한 힘은 상상력에 의해 대치되거나 촉진된다. 왜냐하면 힘은 미약한 효과조차 만들어 낼 수 없는 경우에 처할 수 있는데, 그러한 경우에도 힘은 상상력에 의존하여 자기의 권리를 되찾을 것이기 때문이다.

결국 법은 관습의 힘과 결합된 기호의 힘에 속한다. 그리고 이러한 이유로 법이 확립되었으므로 우리는 법에 존경심을 가지는 것이 옳다.

• 표현이 어찌되었건간에 법적인 실증주의(positivisme)는 다음과 같은 비난을 받게 된다. 즉 실증주의는 법률을 정의의 유일한 규범으로 삼고 있기 때문에 불의한 법률의 가능성에 대해 생각하는 것을 금지한다. 따라서 자신의 의사에 상관없이 정치 체제의 모든 형태들을 정의하게 된다. 예를 들어 켈젠에게서 발전된 것과 같은 법적인 실증주의는 전체주의에 대한 모든 법적인 비난을 약화시킨다.

게다가 켈젠에 있어서 법률의 타당성은 헌법이라는 기본적인 규범 안에서 추구되어야만 한다. 법률이 헌법의 권리와 화합하기만 하면 정의롭다고 판결된다. 그러나 이러한 권리라는 것은 천부적인 권리를 지칭하는 것이 아니다. 왜냐하면 정확히 말해서 천부적 권리의 존재를 인정하지 않기 때문이다. 마찬가지로 법률은 실증법의 증서에 의해서 세워질 수 없다. 왜냐하면 이러한 종류의 모든 행위는 실증법을 전제하고 있기 때문이다. 그렇기 때문에 켈젠은 이러한 기본적인 권리는 **정해지는** 것이 아니라 **가정되는** 것이라고 말한 바 있다.

그러나 이 점에 있어서 그가 바라는 대로 법에 관한 순수한 학문을 발전시키고자 하는 시도는 모르는 사이에 가치의 문제를 무시하게 된다. 반대로 사람들은 법의 절대적인 자율성이 없다고 생각할 수도 있고, 가치의 문제는 초법적인 표준과 관련되어야만 한다고 생각할 수도 있다. 주어진 어떤 경우에 대해서 법률이 침묵을 지키고 있을 때 법을 결정하는 것은 판사의 몫이다. 그는 모든 사람에게 알려진 천부의 권리를 참고하여 법을 결정한다.

그러므로 법의 진정한 힘은 자연법의 상식 안에서 추구되어야만 한다. 즉 각 사람의 이성에 확실하게 합치되어야 한다. 그것은 플라톤의 《프로타고라스》신화에서 끌어낼 수 있는 교훈 중 하나이다. 한 사람이 정확하게 여러 가지 예술을 행사할 수 있다는 것을 인정한다 하더라도, 예술과 기술은 각 개인의 적성에 따라서 불균등하게 분포되어 있다. 신화는 우리에게 정의가 인간들 사이에 균등하게 분배되어 있다는 것을 가르쳐 준다. 그러므로 정의는 기술계의 **어떤 지식**에 근거하는 것이 아니다. 인간은 정의와 불의를 **판단할 수 있는 동일한 능력**을 공유하고 있다는 의미이다. 그것은 모든 제도 이전에 있고, **모든 사람으로부터 인정될 수 있는** 자연법의 존재를 인정하는 것이다.

그러나 우리에게 당황스러운 강한 반발이 제기된다. 사람들이 따라야 할 법의 규칙에 대해 별로 동의하지 않는 것은 어디에서 기인하는 것인가? 모든 정부는 자신의 고유한 법률을 가지고 있고, 법률들은 그 내용에 있어서 개별적인 문화와 관련이 있다. 영국의 법은 프랑스의 법과는 다르다. 그러나 우리는 이러한 법들이 유일한 기본법에 대해 지역적으로 다른 해석을 하고 있다는 것을 쉽게 인정할 수 있다. 각 국가에 고유한 실정법들은 정의에 대한 동일한 규범을 여러 가지로 실행한 것이다. 자연법은 문화가 다름에 따라 상당하게 특수화되는 성향이 있다. 자연법은 일반적인 원리들을 확고히 해주며, 실정법은 단순하게 그것을 위반하지 않도록 법률을 제정한다. 만일 사람들이 왼쪽 혹은 오른쪽으로 운전을 해도 상관이 없다면 똑같은 원리가 이 두 가지 규칙을 형성하는 데 역할을 했을 것이다.

소위 자연법에 대해 말하자면 자연법이란 무엇인가? 파스칼은 자연법의 존재를 단호히 거부하지는 않으며, 인간의 타락이 인간으로 하여금 이러한 자연법을 인식하지 못하게 한다고 주장한다.(§297) 마찬가지로 루소도 자연법을 거부하지 않았다. 그는 "자연법은 유일한 이성에서 나온 보편적인 정의인 것 같다"(《사회계약론》, 2권 6장)고 쓰고 있다. 그러나 아직까지도 인간은 종종 자연의 소리를 듣지 못하고 있다.

우리는 자연법이 그 자체의 열기로 **모든 인간의 이성**을 밝혀 줄 수 있어야 하며, 바로 그러한 점에서 자연법의 위력이 존재하는 것이라고 말한 바 있다. 그러므로 자연법은 모두에게 알려진 이성을 전제로 한다. 그러나 이 법은 인간에게 타고난 것이기 때문에 자연의 상태에서 인간에게 이미 이해가 되었을 것이다. 그러므로 사회 계약으로부터 기인한 실정법은 자연법의 패러다임에 순응해야 하는 것이 정상일 것이다. 하지만 실제의 경우는 그와 달라서 세속의 상황에서는 자연법들이 법률에 의해 정해지는 것을 보게 된다.

루소는 이 문제를 능숙하고도 독창적인 방법으로 해결하였다. 《제네바의 원고》(《사회계약론》의 최초 판본) 제6장에서 루소는 이른바 '자연법'과 '추론된 자연법'을 구분하고 있다. 자연법의 원리는 자기애와 동정이다. 따라서 그것은 사회보다 이전에 있던 것이며, 이성을 전제로 하지 않는다. 동정은 자기애를 완화시키면서 자연히 인간들에게 그들이 고통받는 것을 보기 싫어하는 마음을 불러일으키게 된다. "자연의 상태에서 법률을 대신하는 것은 바로 동정심이다."(《불평등기원론》, 제1장)

루소에 따르면 사회 상태에서 완전하게 발전된 이성은 동정심이라는 자연스러운 감정을 억누른다. 그렇다고 해도 자연법은 여전히 존재한다. 그래서 루소는 그것을 '추론된 자연법'이라고 부른다. **그러므로 이성은 다른 차원에다 엄밀한 의미의 자연법의 법칙들을 다시 확립한다.** 그러자 이번에는 제도화된 법률들이 인간으로 하여금 서로 해치지 않도록 하는 자연 발생적인 이러한 충동을 대신하게 된다. 자연 상태에서 법의 힘은 동정심을 불러일으키는 움직임이다. 사회 상태에서 법은 우리의 이성에 호소하면서 실정법은 사회 계약의 결과이므로 자연법에서 나온 것이 아닌데도 불구하고, 역설적으로 **이성이 실정법 안에 구현된 자연법을 되찾는다**고 강요한다.

이제 요약을 해보자. 사회 계약은 사회 상태에서 존속하는 자연법을 폐지하지 않는다. 이성에 의해서 알려진 자연법은 사회 계약보다 이전에 있던 것이 아니다. 그러나 결론적으로 말하면 어찌되었든 실정법보다 우월한 것이다.

법은 힘을 스스로 부여한다는 것이 우리의 설명이다. 힘이 바로 법인 까닭이다. 이러한 힘은 물리적인 강제력에 속하지 않는다. 그 힘은 의지를 강제하는 능력, 즉 자유롭게 복종한다는 관념을 포함한다.

그럼에도 불구하고 법이 도덕적인 이상만을 제시한다면 죽은 것이나 다름없다. 그러므로 법이 법률의 형태로 효력을 가지기 위해서 법은 순수하게 추상화되는 것을 거부해야 한다. 법률은 법을 확인하기 위해서 필요한 실제적인 힘을 사용한다.

만일 실정법만 존재한다고 주장한다면 더 이상 할 말이 없다. 법의 힘은 **제도**, 그리고/혹은 **관습**으로 환원될 것이다. 그것은 법 자체를 소홀히 하는 것이다.

물론 법은 실정법으로서만 효력을 가진다. 하지만 실정법도 결국 **보편적이고 필연적인 가치들**과 일치하는 것들로부터 자신의 힘을 끌어내는 것이다. 부득이한 경우 실정법의 기원은 별로 중요하지 않다. 중요한 것은 우리가 좀더 기본적인 법, 즉 자연법의 특수한 실현을 실정법과 동일시할 수 있느냐는 것이다. 이와 같이 인간의 의지와 이성은 결합된다. **우리가 이성적으로 정의롭다고 판단한 것이 우리 의지의 표현인 법률과 뒤섞인다.** 요컨대 법은 우리 스스로가 정의롭거나 불의하다고 판단하는 능력에 의해서 강화된다.

【참고 사항】

이 주제는 말장난과 모순에 근거하고 있다. 이 주제는 독자의 정신 속에 힘과 법이라는 모순되는 두 용어를 결합하고자 한다. 그러므로 오용되지 않도록 하는 것이 중요하다. 그렇게 하기 위해서 우리는 모든 힘이 필연적으로 신체적(사람들은 성격의 힘, 혹은 영혼의 힘에 대해 말한다) 혹은 물리적인 본성을 가진 것이 아니라는 것을, 우리가 이러한 힘을 예를 들면 책략이나 **명령**에 의해서가 아니라 다른 방식으로 인간들에게 행사할 수 있다는 것을 지적해야만 한다.

그러므로 이번 주제에서 힘은 '효용성'을 의미한다. 따라서 법의 위력이 힘으로부터 아무것도 차용해 오지 않았다는 것을 보여주는 데에 모순이 있다. 그리고 어느 한도까지 법의 위력이 힘의 위력을 능가한다는 것도 모순이다.

이러한 사실은 법의 근거에 대해 질문을 하게 만든다. 거기에서 좀더 강력한 자의 법에 대한 비판에 의해서 강요된 문구가 생겨난다. 그 다음에 우리는 협약·관습 혹은 이성에 의해 기초된 법의 여러 가지 모습에 대해 조사할 수 있을 것이다.

주제 3 인간의 권리와 시민의 권리를 별개로 인식할 수 있는가?

1789년의 인권 선언에는 《인간과 시민의 권리 선언》이라는 제목이 붙어 있다. 1948년 12월 10일 유엔총회는 인간의 권리 선언을 결정했다. 인간의 권리에 대해서 처음으로(1776년 미국의 선언을 고려하지 않고) 규정을 마련하면서 어떻게 시민의 권리까지 연결시킬 수 있었을까? 1789년과 1948년 사이에 결국 인간의 유일한 권리만을 확보하기 위해 어떤 일이 일어났는가?

인간의 권리는 시민의 권리와는 별도로 가장 중요한 것으로 여겨진다. 인간의 권리는 자연적이며, 따라서 보편적이다. 시민의 권리는 실정법에 속하는 것, 말하자면 제도화된 것이다. 이 두 가지 유형의 권리는 그 기원과 본질상 아무런 연관이 없다. 그러므로 그 두 권리는 별개로 **생각될** 수 있을 것이다.

그러나 1789년의 인권 선언의 의미는 무엇인가? 시민의 권리에 **결합된** 인간의 권리에 대한 발표문이라는 것인가? (인간과 시민의 권리라는 표현에서 '과(et/그리고)'라는 말은 부가적이다.) 아니면 인간의 권리는 **동시에** 시민의 권리라고 이해해야 할까? ('과/et'라는 말은 설명적이다.) 인권 선언이 외관상으로 인간의 권리와 시민의 권리를 분리해서 다루고 있기 때문에 첫번째 해석은 부분적으로 받아들여질 만하다. 그러나 문제는 다시 제기된다. 왜 **동일한 인권 선언 안에서** 인간의 권리에 대한 목록에다 시민의 권리를 덧붙였을까? 첫번째 해석을 배척하지 않는 두번째 해석은, 이 두 가지 유형의 권리 사이에는 결국 근본적으로 내용의 차이가 없다는 사실을 암시한다. 1789년의 선언에서 인정된 기본적인 네 가지 권리인 자유·소유권·안전·압제에 저항할 권리(제2조)들은 역시 인간이자 시민의 권리이다. 1795년의 선언에는 '사회 속의 인간의 권리'라고 분명하게 씌어져 있다.(제1조)

그러면 인간의 권리가 실정법의 형태 속에서는 어떤 모습으로 구현되어 있는가? 여기에서 문제가 되는 것은 인간 권리의 효력에 대한 문제와 관련된다. 법적인 근거를 가지기 위해서 인간의 권리가 선언되는 것만으로 충분한가?

1. 인간 권리에 대한 의미

• 우선 어떠한 의미에서 인간의 권리가 천부적인지를 이해해야만 한다. 첫째로 천부의 권리라는 것은 인간이 자연스럽게 누리는 권리, 다시 말하자면 인간이 사회에 들어오기 이전에 당면하는 권리이다. 이 자연적인 권리는 자연에 의해서 수여된 권리이다. 그러므로 이러한 권리는 실정법이나 다른 사람들의 권리에 의해서 제한을 받지 않는다. 그러므로 나의 힘과 욕망이 확장되는 만큼 멀리까지 확장될 수 있다. 나에게 권리를 주는 것은 바로 나의 필요와 열망이다. 그러므로 나는 나의 본성, 즉 나의 능력이 나에게 부여하는 모든 것을 할 권리가 있다. 이것이 바로 홉스가 《리바이어던》*(14장)에서 천부의 권리에 대해 내린 정의이다. "천부의 권리라는 것은 개인이 자신의 능력을 가지고 원하는 대로 자기 자신의 본성을 보호하기 위해, 다시 말하면 자신의 생명을 지키기 위해

---

* 영국의 철학자 T. 홉스의 저서로 《교회 및 시민 공동체의 내용 · 형태 · 권력 the Matter, Forme, and Power of a Commonwealth Ecclesiastical and Civil》이라는 부제를 붙여 1651년 출간되었다. 서론과 결론을 제외하고 4부 47장으로 되어 있다. 리바이어던이란 《구약성서》〈욥기〉에 나오는 거대한 영생(永生) 동물의 이름인데, 이 책에서는 교회권력으로부터 해방된 국가를 가리키며 그러한 국가의 성립을 논하고 있다.

인간은 태어나면서부터 평등하되 자연 상태에 있어서는 '만인은 만인에 대해 싸우는 상태'에 있다. 이 자연권의 자기 부정(自己否定)을 벗어나기 위하여 이성이 스스로 발견하는 자연법에 의해서 자연권을 제한하고 절대주권 설립의 사회 계약에 의해 국가가 성립한다고 하였다. 홉스는 전제군주제를 이상으로 여기고 있으나 그 주권의 기초를 국민의 자기 보존권에 두고 있으며, 바로 거기서 자연주의 입장을 엿볼 수 있다. 이 저서는 법 · 정치 사상면에서 많은 영향을 미쳤다.

사용하는 자유이다."

권리는 우리 자신의 능력과 혼동된다. 능력이란 강자의 권리를 표현하는 것이다. 그것은 권리에 대한 부정 그 자체이다. 힘에 따라 변화하는 권리라는 것은 도대체 무엇인가?(루소, 《사회계약론》 1권 3장)

우리가 인간의 권리들을 이러한 형태의 천부적 권리와 동일시할 수 없다는 것은 명백하다. 왜냐하면 인간의 권리들은 있어야 할 것의 규범을 정의해 주기 때문이다. 본질적으로 존재해야만 하는 것이 지금 존재하는 것과 혼동되어서는 안 된다.

• 그러므로 인간의 권리가 곧 천부적인 권리라는 제안을 이해해야만 하는 것은 다른 문제이다. 인간의 권리가 **인간의 본성**에서 추론된 것인 경우에 천부의 권리가 된다. 그러나 인간의 본성에 대한 관념은 역사를 통해서 변화해 왔다.

인간의 권리라는 개념은 고대 사회에서는 출현할 수 없었다. 인간에 대한 개념은 사실상 최근의 산물이다. 그것은 인간에 대해 우리가 인정하는 지위를 결정하는 세상의 어떤 표현이다. 그리스 사람들에게는 자연이란 목적론적인 원리에 순응하는 것이었다. 각 존재는 질서정연한 세상 가운데 고유한 장소와 기능을 부여받고 있다고 여겨진다. 모든 존재는 자연 속에서 그가 지니고 있는 지위로 인해서 특수하게 부여된 목적을 실현하려고 한다. 그것은 사람들을 시민과 노예로 구분한 사실이 잘 설명해 주고 있다. 그것은 인위적인 제도가 아니라 자연적이라는 것이다. 이러한 이유로 사회는 사실상 자연적인 것이 되었다. (아리스토텔레스에 의하면 사회는 부부 혹은 가족보다도 더 자연적인 것이다.)

고대인의 사고는 인간들 사이에 서열 의식을 도입하였다. 이것은 인간들 사이에 있는 극심한 불평등으로 해석된다. 우리는 세상의 이러한 개념이 **인간에 대한 보편적인 개념**에 어떤 여지를 남겨둔다고 생각지는 않는다. 인간 공동체에 대한 개념을 표현할 수 있기 위해서는 기독교가 나타날 때까지 기다려야만 한다. 인간은 개인이 평등하다고 선언되었을 때 비로소 존재하기 시작한다. 그것이 사도 바울이 〈갈라디아서〉(3장 28절)에서 쓴 구절이 의미하는 바이다. "너희는 유대인이나 헬라인이나 종이나 자주자나 남자나 여자 없이 다 그리스도 예수 안에서 하나이니라."

• 인간이 존재하지 않는데 인간의 권리가 있을 리 없다. 중세와 마찬가지로 고대에서 인간은 어떤 계급에 속해 있는가에 따라서 정의되었다. 인간은 계급 그 이상 아무것도 아니었다. 말하자면 인간은 그가 태어난 씨족에 의해 모든 것이 결정되었다. 개인은 오직 그가 어떤 사회 계급에 속해 있는가에 따라서 권리(혹은 의무)를 가지게 되었다. 노예와 시민은 같은 권리를 가지고 있지 않다. 농노와 귀족도 마찬가지이다.

반대로 1789년의 인권 선언은 모든 사회 계급을 초월하여 인간을 평등하게 위치시키려는 고백의 의도를 가지고 있다. 그것은 지엽적인 권리 외에도 **인간으로서의** 개인에게 관련된 초월적이고 별도의 권리가 존재한다는 것을 의미한다. 그때부터 우리는 어떤 집단이나 계급에 속하기 이전에 인간이 되었다고 이해해야 할 것이다.

천부의 권리는 자연에 근거한 것이 아니고 신에게 토대를 둔 것도 아니며, 다만 **인간적인 본성**에 근거를 두고 있는 것이다. 천부적인 권리란 이성적이고도 자유로운 주체인 인간의 본성으로부터 추론된 것이다. 그러므로 인간의 기본권 중의 첫째가 자유가 되는 것이다. 평등 역시 인간의 천부적인 권리의 조건으로서 하나의 권리이다.

그러므로 우리는 1789년 인권 선언의 중요성을 더 잘 이해하게 된다. 그 인권 선언은 개인이 시민보다 우선이며, 인간의 권리가 시민의 권리보다 더 가치 있다는 것을 의미한다. 따라서 인간의 권리는 외관상으로 시민의 권리와 공통점이 없는 것같이 보인다. 혁명가들의 정신 속에서는 인간이 권력의 지배력으로부터 벗어나는 것이 중요하다. 인간의 권리에 대한 선언은 정부의 압제력으로부터 인간을 보호하는 것을 목적으로 삼고 있다.

2. 인간 권리의 효력

• 그 이후로 인간의 권리와 시민의 권리를 어떻게 구분하는가?

선행하던 사실들에 비추어 볼 때, 시민의 권리는 인간의 절대적이고도 양도할 수 없는 권리들과 모순되지 않는 것처럼 보인다. 시민의 권리는 인간의 권리들과 관련될 때에만 가치가 있다.

인간의 권리들은 정의의 보편적인 기준을 규정해 준다. 반대로 시민의 권리는 시대와 장소에 따라서 변화한다. 시민의 권리는 한 민족의 역사와 민족 정신에 상응한다. 이러한 관점에서 볼 때 각각의 사회는 자신의 특수성을 가지고 있다. 프랑스의 법은 영국의 법이나 독일의 법과 다르다.

이와 같이 시민의 권리는 보편적인 권리의 특수화된 형태이다. 그리고 이것은 어떤 국가에 고유한 실정법과 인간의 권리 사이에는 호환성이 있다는 것을 암시해 주고 있다.

• 인간의 권리에 대한 가치가 입증되었다고 해서 그것이 모든

비판으로부터 인간의 권리를 보호해 주는 것은 아니다. **반대로 인간의 권리는 그 보편성에 의해서 가치를 획득하며 그 효력을 상실한다.** 사실상 인간의 권리는 이상적인 실재에 불과하다. 만약 인간의 권리가 존중되지 않는다면 그것은 죽은 단어에 불과할 것이다. 그 가치가 아무리 탁월하다 할지라도 어떠한 실정법이 **법적으로** 그 가치를 보장해 주지 않는 한 공허한 것으로 남게 될 것이다.

1789년의 혁명론자들은 이 점을 잘 이해하고 있었다. 만일 인간의 권리가 시민의 권리와 동떨어져 있다면 그것은 도덕적인 가치만을 지니게 될 것이다. 인간 권리의 보편성은 추상적이며 의도에 불과하다. 사람들은 상세한 법적인 틀 안에 그 권리들이 기록된다는 조건에서만 비로소 그러한 법에 따를 것이다.

그러므로 인간의 권리와 시민의 권리가 결합되는 것은 꼭 필요한 일이다. **정부라는 한계 속에서 제한을 받게 된 인간의 권리는 시민의 권리로 변화한다.** 또한 정부의 법적인 토대가 진정한 효력을 보장해 주기도 한다. 1789년 프랑스 인권 선언은 우리가 종종 생각하는 대로 보편적인 영역을 부여한 것이 아니다. 그것은 프랑스라는 나라 안에서 현실적인 인간의 권리를 규정한다.

이제 우리는 왜 동일한 선언 안에서 인간의 권리가 시민의 권리와 결합되는지를 이해하게 되었다.

• 우리는 어떤 비범한 인물이 인간의 권리를 인정하지 않을 것이라는 사실에는 반대할 것이다. 내용상으로 보면 그것이 진실이다. 1789년 인권 선언의 11항에 보면 "사고와 의견의 자유로운 소통은 **인간**의 가장 귀한 권리 가운데 하나이다. 그러므로 모든 **시민**은 자유롭게 말하고 쓰고 출판할 수 있다"라고 규정되어 있다. 인간에서 시민으로의 이행은 단절 없이 행해진다.

반대로 두 권리들은 그 기반으로 보면 상이하다. 시민의 권리는 제정된 것이다. 그러므로 시민의 권리는 의지와 결정의 **산물**이다. 이러한 권리는 법적인 토대를 가지고 있다. 이러한 권리를 존중하지 않는 사람은 법적으로 고소당한다. 이러한 목적으로 각 정부는 공적인 힘을 행사하는 것이다.

  인간의 권리는 그 자체로 **인권 선언**의 대상이 된다. 다르게 말하자면 인간의 권리는 선언이 발표되기 이전에 이미 존재하는 것이다. 그러므로 새로운 권리를 정하는 것을 목표로 하지 않는다. 헌법제정의회 의원들은 인간에게 그들의 천부적 권리를 환기시켜 줄 목적을 분명하게 가지고 있다. 즉 지금까지 천부적 권리가 처해 왔던 무지와 망각과 무시(이 용어들은 인권선언문의 서두에서 인용한 것이다)에 대항하여 투쟁하도록 하자는 것이다.

  그러므로 처음에는 씌어지지 않았던 권리들, 다시 말해 도덕적인 권리들이 자세하게 기록되게 되었다. 그것은 보편적인 인간에게 가치가 있는 것이지, 시민에게 특별하게 관련된 것은 아니다. 그러나 이 점에 대해 다시 말하자면 이 권리들은 결코 존중되지 않을 것이다. 그래서 인간의 권리는 시민의 권리라는 법적인 형태를 띠게 되었다.

  '선언'이라는 말은 지금까지 지녀 온 것과는 아주 다른 의미를 갖게 된다. 선언하는 행위는 소위 수행적 표현에 속한다. 그 표현들은 그것이 공언됨으로써 거기에 상응하는 행동을 현실화한다는 특징이 있다. (예를 들면 '내가 너에게 세례를 준다' '내가 너를 용서한다' 등과 같이.) **프랑스 인권 선언은 인간의 기본적인 권리를 단순하게 환기하는 것으로 요약되지 않고, 기본적인 권리를 생성하고 시민의 권리로 만듦으로써 진정한 현실성을 부여해 준다.** 인권 선언의 편찬자들은 이러한 용어를 사용하는 것에 대해 이제 어느것도 이의를 제기하지 않기 때문에 인권 선언 편찬자들은 인간의 권리뿐 아니라 시민의 권리에 대해서도 동의하게 된 것이다.

3. 공화국 시민의 권리

• 우리는 지금까지 1789년 프랑스 인권 선언만을 가지고 추론해 보았다. 하지만 1776년 7월 4일 미국의 선언이 먼저 있었기 때문에 프랑스의 선언이 최초의 것이 아니라는 것을 알고 있다. 우리는 이러한 두 가지 선언을 비교해 봄으로써 인간-시민의 권리에 대한 특별한 규정을 연역하고자 한다. 미국의 인권 선언에는 시민이라는 용어가 단 한번밖에 언급되지 않았는 데 비해서, 프랑스의 인권 선언에는 각 줄마다 그 용어가 나타나는 것은 주목할 만한 일이기 때문이다.

1789년의 선언은 새로운 정부, 즉 공화정의 수립과 일치된다. 독립을 선언한 미국의 것과는 전혀 다르다. '국회로 구성된 프랑스 민족의 대표들'은 '사회 단체의 모든 구성원들'에게 호소한다.(전문) 그러므로 프랑스 시민들은 이러한 선언의 유일한 수신자인 셈이다.

이제 루소가 말한 바, 그리고 인권 선언 속에서 시민이라는 용어는 인간과 상통한다. 그 인간이란 주체로서 법에 복종할 뿐 아니라 **주권의 보유자로서 법을 만드는 자**이기도 하다. 1789년의 선언은 인간을 **평등한 권리를 가진 시민**으로 만들었다. 그 선언은 국민의 주권을 창시하였다. 제6조의 서두가 요약하고 있는 내용은 루소의《사회계약론》의 사상을 그대로 빌려 온 것이다. 그 내용이란 "법은 보편적인 의지의 표현이다"라는 것이다. 인간의 천부적인 권리를 실증적으로 만들 수 있는 정부라면 어떤 정부이든 상관없다. 정부의 형태(그것은 행정력에 속한다)가 무엇이든 별로 중요하지 않다. 중요한 것은 그것이 공화적이냐, 다시 말해 주권이 국가에 있는가 하는 것이다.

우리는 인간의 권리가 공화국만큼 잘 존중되는 정부 형태는 없을 것이라고 생각한다. **용어의 엄격한 의미에서 인간이 시민이 되는 공화국의 정부는 인간의 권리 존중을 보장하는 유일한 체제이다.** 법 앞에서 시민의 평등함은 거기에서 유래되는 자유와 마찬가지로 공화국 안에서 인간의 권리에 대한 기본적인 원칙들을 보장해 준다. 그 이후로 인간의 권리는 시민의 권리와 별개로 인식될수 없게 되었다. **인간의 권리는 시민의 권리로서만 진정한 가치를 지닌다.**

• 1776년의 독립 선언은 아주 다른 논리에서 기인된 것이다. 이 두 선언은 그 내용보다도 공표된 의도에서 서로 대립된다. 미국의 혁명은 영국에 대하여 해방되고자 하는 의도이다. 그러므로 그 선언은 정부의 독립과 자율성을 변호하는 것이다.

두 가지 개념은 서로 대립된다. 미국의 사상은 자유주의의 원리에 근거하고 있다. **사회**는 잘 이해된 영리 활동으로부터 기인된다. 사회의 질서는 무질서한 이해 관계의 다수성으로부터 생겨난다. 그것이 자유로운 흐름에 대한 신조이다. 프랑스의 전통은 **제도화된 정부**의 표현에 근거하고 있다. 이 경우에 우리는 계약의 개념에 근거한 자발적인 시각과 관련이 된다. 미국의 경우 사회가 유기체의 방식으로 발전해 나가는 자연스러운 과정이라고 말하는 편이 나을 것이다.

　우리가 시민의 권리와 관련해서 인간의 권리를 생각하는 방식에 변화가 생겨난다. 미국의 선언은 시민을 대상으로 하는 것이기보다는 개인의 행복 추구로 인해 활성화된 경제적인 주체들을 대상으로 한다. (그래서 미국의 인권 선언에만 행복을 추구할 권리가 언급되어 있다.) 인간의 권리들은 이와 같이 점진적으로 나타났으며, 사회가 형성되어 감에 따라 구성되었다. 인간의 권리는 그것이 발전함에 따라 확실성을 **획득한다**. 그리고 나서 규칙이 고정되는 것은 모든 것에 잘 작용하기 위해 꼭 필요한 일이다. 반대로 프랑스의 선언은 천부적인 권리는 정치적인 힘에 의해서만 확실성을 **쟁취한다**는 주장이다. 이 점에 관해서 르노와 페리는 《정치철학》(3권 p.33)에서 다음과 같이 쓰고 있다. "1776년의 선언은 사실상 사회의 자연적인 기능이 인간의 권리를 자발적으로 실현하는 경향이 있다는 확신에 근거하고 있다."

　• 우리는 프랑스의 인권 선언과 관련하여 미국의 인권 선언이 좀더 보편적인 영역을 가지고 있다는 것을 종종 강조했다. 사실상 미국의 선언은 '인류의 의견'에 호소한다. 대서양의 양편에서 인간의 권리는 사회의 경계 혹은 정부의 경계 속에 포함되었다. **인간의 권리에 대한 보편적인 차원**이 인정되기 위해서는 1948년까지 기다려야 할 것이다. 유엔회의에서 인간의 권리에 대한 보편적 선언을 결정한다. 시민의 권리는 더 이상 인용되지 않았다. 왜냐하면 국가에 따라 다르기 때문이다. 인간의 권리가 진보함에 있어서 새로운 단계는 **보편적인 법적 형태**로 굳어져 갔다. 그 다음에 국제법 안에 정착하게 되었다. 이러한 해결책은 우리가 갇혀 있던 양자택일의 문제에서 **빠져나올** 수 있게 해주었다. 즉 인간 권리의 보

편적인 목표를 유지하든가——그러나 사람들은 **도덕적인 가치**만을 인정한다고 비난한다——아니면 국가 안에서 **법적인 토대**를 보장해 주든가——하지만 권리의 보편적인 의미를 희생한다고 한다——하는 문제 중에서 선택을 해야 했다.

1950년 11월 4일, 사람들은 인간의 권리에 대한 유럽 협정에 사인하였다. 그것이 오늘날 유럽 국가의 각 시민들로 하여금 초국가적인 사법권의 중재를 요청할 수 있도록 하였다. 어떤 시민이라도 그에게 관련된 어떤 결정이 인간의 권리에 합치하지 않다고 판단될 때는 유럽의 재판소에 제소할 권리가 있다. 개인은 정부의 지엽적인 권리에 대항해서 인간의 보편적인 권리를 내세울 수 있다. 우리는 최근에 프랑스인의 권리에는 해가 되었던 국제재판소의 몇 가지 판결을 볼 수 있었다.

우리가 처음에 제기했던 문제로 되돌아가자면 우리는 인간의 권리를 시민의 권리와 별개로 생각할 수 있는 것 같다. 그래서 우리는 이 두 가지 권리의 내용과 본질을 살펴보았다. 만일 지금 우리가 인간의 권리가 효과적으로 실현되는 현실에 자리를 잡고 있다면 문제는 다르다. **이러한 권리들에 대한 법적인 기구의 중재도 필요한 일이다.** 이 점은 1789년 인권 선언의 제작자들이 잘 이해하고 있는 것이었는데, 그들에게는 인간의 권리가 곧 시민의 권리였다.

정부가 만일 공화국이라면, 즉 외관상 인간의 권리를 가장 잘 보장하고 있는 정부라면 결코 파편이 물결치는 대로 가도록 놔두지 않을 것이다. 강력한 법적인 장치를 부여받은 국제적인 소송만이 인간의 권리에 일관성과 힘을 줄 수 있을 것이다.

【참고 사항】

이 주제는 비교적 전문적이다. 적어도 1789년 인권 선언의 용어를 알고 있는 것을 전제로 한다. 또한 역사적인 의도로부터 벗어나야만 한다. 철학적인 성찰은 결코 역사적 사건들의 적나라한 설명들 뒤로 사라져서는 안 된다.

결국 두 가지 권리의 관계를 살펴보기 위해 먼저 인간의 권리, **그 다음에** 시민의 권리를 다루는 것은 매우 서투른 것 같다. 권리의 이 두 가지 형태를 처음부터 끝까지 **함께** 다루는 것이 중요하다. 주체는 그가 몇 가지 예에 대해서 추론해 보려고 노력할 때——그러나 이러한 노력은 그 대가로 주체의 이해를 용이하게 해 줄 것이다——만이 그 모든 의미를 취할 수 있을 것이다. 우리는 일반론에 한정한다는 조건으로 이 두 권리 중 하나의 내용을 한번이라도 상세하게 언급하지 않고는 인간의 권리와 시민의 권리를 다룰 수 없다.

이 독특한 주제에 대한 문제를 이해하지 않고서 서론부터 인식하다라는 단어의 의미를 확정짓는 것은 교만한 일이다. 어떤 용어에다 그 단어가 가지고 있는 것 이상의 의미를 부여하는 일은 피해야 할 것이다. 예를 들면 상상하다, 인식하다, 발언하다 등의 차이에 대해 해설하지 말아야 한다. 어떤 문제가 형성될 때 그 단어를 도입하는 것은 환영할 일일 것이다. "독자적으로 (…) 인식하다"라는 전체적인 형식 안에서 이해되는 대로 그 단어를 고찰해야 할 것이다.

마지막으로 우리가 어떤 방식으로 주제에 접근하든지 권리(인간

의 권리와 시민의 권리)의 **내용**, 그 **토대**, 그 **현실**에 속하는 것들을
구분하는 일은 꼭 필요하다.

II

정의의 문제

정의는 권리에 일치한다. (justice의 jus는 라틴어이다.) 우리는 법에 따른 정의(법적인 정의)와 당연히 있어야 할 정의를 생각할 수 있다. 이 두 가지 정의는 국가라는 구조 안에서 형성된다.

그러나 소위 정치적 영역 밖에서, 사적인 생활의 틀 안에서 우리는 정의를 나타내야만 한다. 그러므로 정의는 **평등**을 의미한다. 정의는 다음과 같은 질문에 답한다. 어떻게 각 사람에게 마땅히 돌아가야 할 것을 줄 수 있는가? 빵을 분할하는 것이 정의에 대한 모든 성찰에 모델을 제공한다. 사실상 어떻게 정의로운 분배가 행해지는가? 우선 가장 공정한 분배는 빵 조각들을 완전히 균등하게 자르는 일에 달려 있는 것 같다. 그것을 받는 사람들 각자는 타인들과 똑같이 취급되는 것으로 보인다. **그것이 바로 매우 평등한 정의의 패러다임이다.**

그러나 우리가 알고 있는 바와 같이 분배의 다른 과정들이 존재한다. 우리는 각 회식자의 필요에 따라서 빵 조각의 두께를 **어울리게** 결정할 수 있을 것이다. 결국 식성이 같지 않은 사람들에게 똑같은 빵 조각을 주는 것은 정의롭지 못하다. 이것은 '각자에게 그의 필요에 따라서'라는 정치적인 표어가 의미하는 바이다.

우리는 또한 **업적**에 따라 분배를 결정할 수 있을 것이다. 빵의 양은 하루 종일 한 일의 양에 따라서, 그 결과의 질과 제공한 노력에 의해서 결정될 수 있을 것이다. 일반적인 용어로 번역하면 이것이 업적주의라는 원리를 제공한다.

사람들이 분배하는 사물들의 본질에 따라서 정의를 차용해야만 할 것이다. 권리에 대해서 말할 것 같으면 권리는 오차 없이 평등해야만 한다. 법이 그렇게 하도록 해준다. 물질적 재산에 대해서 문제는 끝없이 복잡하다. 사회의 정의는 국가의 부를 재분배할 것을 요구한다. 그러나 어떻게 행할 것인가? 아마도 평등한 정의나 비례적인 정의도 완전히 만족할 만한 해결책을 제공하지 못할 것이다.(주제 1. 정의도 불공평할 수 있는가?)

정의는 분배에 대한 두 가지 의미를 정리해 준다. 분배하는 것, **그것은 조각을 자르는 일**이며 분리하는 일이다. 각자에게는 자신의 부분을 소유하도록 주어진다. 그러나 그것은 또한 참여하는 일이다.(거기에 관해서는 리쾨르의 《정의의 사람》 p.191 참조) 이와 같이 우리가 빵을 나누는 것은 다 함께 모여서이다. 이러한 일은 우리를 하나의 공동체로 결속시킨다. 그러므로 정의로운 사회는 이러한 두 지렛대를 유지하는 것을 이상으로 삼는다. 첫번째 지렛대를 작동시키면 사회는 경제적인 분배 시스템이 된다. 두번째 지렛대를 조정하면서 사회는 그들 사이에서 협력하는 시민들의 공동체가 되고자 열망한다.

정의에는 불변의 규칙이 존재하지 않는다. 물론 분배의 평등과 계산의 평등을 요구하는 법칙과 원리가 있다고 한다. 그러나 각 경우는 서로 환원될 수 없을 정도로 특별하다. 이상적으로는 하나인데, 감각 세계에서는 다양하고 분산되어 있는 정의를 어떻게 적용할 것인가? 간단히 말해서 정의를 어떻게 완전하게 이룰 수 있을 것인가?

만일 우리가 정의 안에서 중립성과 공평을 추구한다면 엄격하게 법률을 적용할 것을 주장할 것이다. 재판관의 개인적인 의견이 법의 강직함을 변화시킬까 두려워 사람들은 재판관의 역할을 최대한 제한하려고 한다. 사람들은 **모든 재판에 연루된 자의성**의 위험을 무릅쓰고라도 맹목적인 기계성을 더 좋아하는 것 같다.(주제 3. 정의로운 행동이 보복 행위가 될 위험은 없는가?) 이러한 태도는 역사적으로 볼 때 프랑스 대혁명의 영향으로 18세기에 우세했다.

오늘날 우리가 정의에다 정확성의 정도라는 특권을 부여한다면, 또한 그 정확성이 개별적인 경우에 차용된다면, 반대로 우리는 재판관의 엄청난 중요성을 강조하게 될 것이다. 우리는 법의 경직성에다 재판의 유연성과 섬세함을 대립시킬 것이다. 우리는 법을 넘어서서 정의의 개별화의 특징을 지닌 **형평**이 있다는 것을 보여 주게 될 것이다.(주제 2. 정의에 대한 지식이 존재하는가?)

그러므로 모든 정의의 행위는 법과 판결 간의 타협이다. 법을 너무 엄격하게 적용하면 형평이 모자라게 된다. 또한 판결이 지나치게 개입되면 정의의 객관성이 손상된다. 어원적으로 볼 것 같으면 판례(jurisprudence)란 법(jus)과 신중함(prudence; 형평성 있게 판결하는 능력)이 결합된 말이다. 정의는 이상이다. 판례는 세상의 우발적인 상황에서 펼쳐지는 정의의 인간적인 차원이다. 법의 텍스트가 부족할 때 판례는 재판이 행해지도록 한다. 판례의 중심축이 되는 선행 규칙에 의해(적어도 앵글로-색슨의 법에서는) 법관은 이전에 행해졌던 결정들을 참고하게 된다. 어떤 경우가 판례가 되었다는 것은, 법정이 그와 유사한 경우들에 적용시키기 쉬운 규칙을 도출해 내는 데 성공했다는 것이다.

형법적인 정의는 특수한 문제(주제 3에서 역시 다루어질 것이다), 즉 **형벌**의 문제를 제기한다. 그럼에도 불구하고 잘 고찰해 보면 형벌은 죄의 반대 급부에 불과한 것이다. 그러므로 형벌은 분배라는 의미에서 정의에 속한다. 벌은 법을 위반한 **대가로** 주어지는 것이다. 이것은 "각자는 그가 심은 대로 거둔다"는 격언을 확증해 준다. 정의는 죄를 벌로 응징함으로써 평등을 확립한다.

이러한 관점에서 보면 용서는 정의의 요구와는 상반되는 것이다. 정의는 형벌을 조절할 수 있고, 정상을 참작케 하는 사정을 찾아낼 수도 있고 그래서 용서할 수도 있는데, 이것은 형벌의 완화라고 이해된다. 그러나 정의가 아무리 관대하다 하더라도 **정의는 용서하지 않는다.** 왜냐하면 용서는 다른 차원의 질서이기 때문이다. 정의는 공평하지만 용서는 그렇지 못하다.

정의에 의해서 환기되는 형벌은 복수로 행해진 벌과 유사하기는 하지만, 그 둘 사이에 공통적인 척도는 없다.

주제 1 정의도 불공평할 수 있는가?

정의가 불공평할 수 있다는 것은 그 개념상 정의는 공평하다는 것을 전제로 한다. 그러므로 이러한 가정은 아무런 증거를 가지고 있지 않다. 가장 일상적으로 우리는 정의와 평등을 동일시하며, 어떤 정의(定意)의 불변성 안에 정의(正義)를 고정시켜 둔다. 여기에서 정의(正義)는 역동적인 의미로 확장되는 성향이 있다. 정의가 사람들 사이의 평등을 생성하는 것으로 인정되기 때문이다.

이 문제는 우리로 하여금 정의를 본질적인 각도에서 접근하도록 해준다. 정의의 본질, 정의란 그 자체로 무엇인가에 대한 질문이 행해지는 것이 아니다. 그 질문은 차라리 정의가 만들어 내는 효과에 의해서 정의를 생각하도록 제안한다. 그러므로 정의의 추상적인 관념에 대해 추론하는 데에 어느것도 도움이 되지 않는다. 정의가 실행되는 데에 따라서 정의에 관심을 가져야만 한다. 결과에서 원인으로 거슬러 올라가다 보면 우리는 아마도 정의를 특징짓는 어떤 지식을 습득할 수 있을 것이다. 정의를 평등화 과정에 대한 주제로 삼는 것은 정의를 단번에 정치적 사고의 틀에다 가두어 두는 것이다. 신자들에게만 가치가 있는 신의 정의 외에도 정치적인 힘이 중재하여 물리적으로 행사되는 인간의 정의도 있다.

토론을 해봐야 할 일이지만, 정의가 인간들 사이에 평등을 목표로 한다는 것을 인정하도록 하자. 그런데 정의가 어떻게 불공평할 수 있을까? 어떻게 정의가 정의에서 멀어질 수 있으며, 또 불의로 변할 수 있는가? 두 가지 중 하나는 다음과 같다.

—— 만일 정의가 불공평을 만들어 낸다면 **정의는 그 본질과는 다른 결과를 생산한 것이다.** 정의가 침해되는 경우가 아니라면, 다시 말해서 불의가 정의의 옷을 입고 부당하게 치장된 경우가 아니라면 **그것은 의미가 없다.** 그러므로 이러한 경우 정의가 불평등하게 될 수 있는가 없는가를 질문하는 것은 아무런 의미가 없다. 정의가 타락하여 불의로 변모된다 해도 그 문제에 대한 새로운 용어들이 존재한다. 정의가 불의로 변색될 수 있으며, 스스로 부패할 수 있는가?

—— 우리는 또한 정의가 **부정하게 변하지는 않더라도** 불평등을

만들어 낸다는 것을 인식할 수 있다. 결국 이것이 중요한 문제이다. 우리는 모든 불평등이 불의의 한 형태를 나타낸다고 믿는 습관이 있다. 우리는 정의로운 불평등이 존재할 수 있다는 것을 상상조차 하지 못한다. 이것은 우리가 너무 성급하게 끌어낸 결론이다. 왜냐하면 우리는 어떤 불평등에 대해 말하고 있는가? **권리의 불평등, 사회적·경제적 불평등에 대해 말하는가?** 모든 어려움은 근본적으로 구별되는 두 가지 개념이 서로 충돌함으로써 생겨난다.

그러므로 우리 최초의 문제는 좀더 심각한 다른 문제, 즉 사회 정의의 문제를 은폐하고 있다. 정치적 정의(현실적 혹은 경제적 평등)는 사회적 정의와 양립할 수 있는가? 우리는 1789년 인권 선언의 제1장에 근거해서 주장하게 되는데, 그것은 "모든 인간은 자유롭게 태어나고 거주하며 법적으로 평등하다"는 것을 상기시켜 준다. 그러나 오늘날 부자와 가난한 사람들을 구분짓는 사회적·경제적 불평등을 축소시키기 위해 우리가 한꺼번에 발언을 한다면 얼마나 많은 대가를 치러야 할 것인가?

1. 정의와 법률

• 정의가 평등을 이루는지, 혹은 반대로 사람들 사이에 불평등을 초래했는지를 알아보기 전에 인간의 타고난 조건에 대해 질문해야 한다. 모든 사람은 신체적으로 다양한 적성과 지성을 가지고 태어나는 것이 사실이다. 예를 들면 우리는 자신의 신체적인 구성 요소를 결정할 수가 없다. 그러므로 인간들 사이에 타고난 불평등이 있다는 것을 의심할 여지가 없다. 왜냐하면 개개인은 다른 사

람들과는 다른 완전한 존재이기 때문이다. 자연은 인간들에게 차별 없이 재능을 분배하였다. 우연이 절대적인 주인처럼 지배한다.

그런데 이러한 시각은 성급한 것이다. 우리의 타고난 불평등은 실상 미미하다는 것, 그리고 인간들 사이에는 그들이 자연으로부터 받은 어떤 일관성이 있다는 것을 생각할 수 있다. 탄생시에는 우리가 모호하게 추측해 볼 수 있는 잠재성만이 존재한다. 인간 안에 잠자고 있는 재능들을 일깨우는 것은 사회에서의 생활, 즉 문화이다. 그래서 루소는 "인간과 인간의 차이는 자연 상태보다 사회에서 더 차이가 난다"《불평등기원론》고 말했다. 사회는 교육에 의해 원래 인간들 사이에 존재할 수 있는 차이를 더욱 심화시킨다. 그리고 이러한 차이가 불평등을 만들어 낸다.

루소에 의해 공표되었지만 내용에 있어서 오류는 "여러 가지 차이가 마치 인간이 사회에서 영위하는 다양한 종류의 삶과 습관에서 비롯된 자연스러운 것으로 여기는" 것으로부터 생겨난다. 사실상 인간에게서 자연에 속하는 것과 사회에 속하는 것을 구분하는 일은 상당히 어렵다.

자연의 상태라는 것은 **차이가 있더라도 그것이 어떤 주목할 만한 불평등을 초래하지 않는다**는 의미이다. 차이는 그것이 불리해질 때 불평등으로 변모한다. 그러므로 차이는 인간들 사이에 지배 관계를 만들어 낸다. 만일 이러한 불균형으로부터 한 인간의 다른 인간에 대한 종속 관계가 생겨나지 않는다면 동료들보다 더 재치 있고, 더 능숙하고, 더 힘이 있는 것이 무슨 소용 있겠는가? 간단히 말해서 차이가 전혀 **영향력을 가질 수 없는** 이상 소위 자연 상태에서의 불평등을 말할 필요가 없는 것이다.

• 문화가 발전함에 따라 불평등은 불가피하게 심화될 것이다.

사회는 타고난 불평등을 계시해 주는데, 그것은 사회적 불평등과 경제적 불평등을 초래하게 된다. 그렇기 때문에 사회는 사람들 사이에 평등을 확립하는 일을 임무로 삼고 있다. 법 앞에서의 평등은 정치적 정의를 실현한다. **법에 의해서 인간은 평등하게 된다.** 그것은 법이 사회적 상황을 평등하게 해준다는 의미는 아니다. 부유한 사람과 재능이 있는 사람들이 불평등하게 나누어진다. 그러나 확실한 것은 어느 누구도 공법에서 벗어나기 위해 자신의 부를 사용할 수 없다는 것이다. 가장 부유한 사람도 가장 가난한 사람과 똑같은 권리를 가지게 될 것이며, 그의 재산이 특별한 특전을 주지는 못할 것이다.

법 앞에서의 평등은 재산이 없는 사람들이 좀더 재산이 많은 사람들에게 종속되도록 만드는 사회적·경제적 불평등의 과정을 미연에 방지하고자 한다. 바로 거기에 자유가 근거하는 것이다. 인간은 다른 사람이 아닌 법에 의존할 때만이 자유로운 것이다.

그러므로 정의는 본질상 평등하다. 정의는 법의 사회 조직 안에 세워진다. 왜냐하면 법은 모든 사람에게 동일하며, 불의를 행하면 반드시 처벌받도록 되어 있기 때문이다. 그런데 법이 불의하지 않은데도 불구하고 불평등을 촉진시킬 수 있다는 것을 어떻게 인식해야 할까? 다른 말로 하면 법이라는 문자 그대로의 의미를 모순 없이 유지하면서도 부정의한 법에 대해 말할 수 있을까?

• 우리는 1789년의 인권 선언 안에 있는 법률에 대한 정의로부터 시작할 수 있다. 그것은 루소의 《사회계약론》(2권 6장)에 나오는 "법률은 일반 의지의 표현이다"에서 직접 발췌해 온 것이다. 그러므로 '모든 국민이 모든 국민에 대해 판결할 때,' 다시 말하면 '사람들이 판결하는 사건이 판결을 하는 의지처럼 일반적일 때'

에만 법률이 존재한다.

그러므로 법률은 어떤 특정인에게만 적용되어서는 안 된다. 만일 그렇게 된다면 그 대상과 관련하여 볼 때 의지는 더 이상 일반적이 아니다. 사람들은 자신이 관련된 것에 대해서만 정의롭게 결정을 할 수 있지, 다른 대상에 관해서는 공정할 수가 없을 것이다. 법은 "그것이 어떤 결정된 개별 대상으로 흐르는 성향이 있을 때 당연한 공정성을 잃게 된다. 그것은 우리와 상관없는 것을 판단하게 될 때 우리는 진정한 공평성의 원리를 가지지 못하기 때문이다."(《사회계약론》, 2권 4장)

이러한 고찰에서 두 가지 결론이 생겨난다. 첫째, 왕자가 국가의 구성원인 이상 그 누구도 법보다 우위에 존재하지 않는다는 것이다. 둘째, 모든 법률은 본질상 공정하다는 것이다. 사람들이 스스로에게 불공정할 수 없다는 것을 인정한다면 그렇다.

주권이 국민에게 있는 한 법은 공정하다. 왜냐하면 법이기 때문이다. 개인들 사이에 평등은 보호된다. 그러나 통치자와 국민 사이에 차이가 생겨나면 법은 그 목적에 있어서나 원리에 있어서 더 이상 보편적이지 않다. 법은 특별한 관심의 대상에게 향해질 것이다. 그러므로 모든 사람에게 같은 방식으로 적용되지 않을 것이다. 어떤 사람들은 특권을 누리게 될 터인데 **그것이 불가피하게 불평등을 만들어 낼 것이다.**

이러한 결정들은 법률이라는 이름을 가질 자격이 없다. 아니면 그것들이 유효하게 공포되었다는 이유로 정당하기보다는 합법적이라고 말하는 것이 알맞을 것이다. 왜냐하면 사람들이 인정하는 바대로 정당한 법은 없기 때문이다. 그러므로 법이 더 이상 정의롭지 않을 때 정의는 불평등한 것이 된다.

2. 사회적인 정의

• 법은 개인들간에 권리의 평등을 설립해 준다. 그러나 그것이 **현실적인 평등을** 의미하는 것은 아니다. 시민들에게 부유해지는 것을 금했던 1789년의 인권 선언 속에도 실제적인 평등은 존재하지 않는다. 정의에 대한 정치 원리는 법적인 평등에 불과하다. 법적인 평등은 자유를 가능하게 해준다. 왜냐하면 내가 타인에게 지배력을 행사할 수 없는 것처럼 타인도 나에게 지배력을 행사할 수 없기 때문이다. 정부란 자유를 보장하는 것 이외에 다른 목적을 가지지 않는다.

그러면 이러한 정의가 사회적 불평등의 시작이 아닌가를 알아보고자 하는 질문이 제기된다. 모든 사람은 법 앞에서 평등할 것이다. 그러나 점점 심화되는 부의 불평등이 생겨날 것이다. 그리고 이러한 불평등이 매우 심각하게 되면 부의 불평등이 지배의 수단으로 변모할 것이다. 루소는 그 유명한 《사회계약론》을 쓸 때 이미 이러한 반대 세력을 인식했다. "실제로 법은 가진 자들에게는 유용하고 없는 자들에게는 해롭다. 사회 계약이라는 것은 인간 모두가 어느 정도를 소유하고 그들 중 어느 누구도 지나치게 가지지 않는다는 전제에서만 좋은 것이다."(1권 9장) 사실상 생활에 필요한 것을 아무것도 가지지 못한 사람들에게 정치적인 권리가 무슨 가치가 있겠는가? 아무것도 없는 사람에게 소유권이 무슨 소용이 있는가? 재산이 전혀 없는 자에게 표현의 자유, 사업의 자유가 무슨 의미가 있는가? **법적으로 평등하다고 해서 사회적인 불평등이 없는 것이 아니다.** 사회적 불평등에 대한 무지가 사실상 사회적 불평등을 커지게 한다고 생각할 수도 있다.

사회 정의에 대한 분명한 요구는 1789년 인권 선언 이후에 생겨났다. 정치적 권리나 사회적 권리들이 매우 분명하게 주장되기 위해서는 1848년 헌법을 기다려야 할 것이다. 정치적 권리들은 **자유권**을 정의해 준다. 그 명칭이 지시하는 바와 같이 정치적 권리들은 인간의 기본적인 자유의 총체에 상응한다. 자유주의자들은 이러한 법의 평등을 보호하고 보장하는 것이 정부의 유일한 목적이라 생각한다.

그 다음에 사람들은 이러한 자유권에다 **믿음의 권리**(droits-créances)를 덧붙이게 된다. 그 다음부터는 더 이상 '**~의 권리**'라고 말하지 않고 '**~를 향한 권리에 대해**'라고 말하게 되었다. 이러한 새로운 권리의 근거는 정부가 시민들에게 해야 하는 의무에 의해서 설명된다. 이러한 관점에서 사회 구성원들에게 사회 보장 급여를 보장하는 일도 정부의 의무가 될 것이다. 정치적 정부는 섭리의 정부가 되어간다. 그러한 정부는 새로운 요구들을 해결해 주어야 하는 책임을 가지게 된다. 개인들은 사회 안정에 **대한** 권리, 직업에 **대한** 권리, 최저 임금 보장에 **대한** 권리들을 요구한다.

섭리의 정부의 당원들은 기본적인 자유를 옹호하기 위해 유례없는 진전을 기록하였다. 그러나 그들은 정부가 인간의 사회적 상황에 무관심하게 남아 있는 것을 허용하지 않았다. 일반적으로 국가에 귀속된 기능(정치적 정의를 보장하는 것)에다 다른 것들을 첨부할 것을 제안하여 사회 정의를 발전시켰다. 사회 분야에서 정부의 이탈을 격찬하던 자유주의자들과 더불어 논쟁이 시작되었다.

자유주의자들 역시 자유 경쟁이 경제적 불평등을 만들어 낸다는 것을 부인하지 않는다. 그렇다면 불공평이 존재한다는 말인가? 문제는 바로 그것이다.

- 우리는 사실상 정의와 평등을 저절로 동일시하는 성향이 있다. 그리고 나서 불평등이 나타나기 시작하면 불공평에 대해 규탄한다.

그러나 일종의 정의가 존재하는데, 그것은 사람들에게 똑같은 것을 주는 것이 아니라, 각자의 공적에 따라 그들에게 적합하게 나누어 주는 것이다. 아리스토텔레스는《니코마코스 윤리학》5권에서 이것을 **분배의** 정의라고 분석하고 있다. 분배의 정의는 문자 그대로의 평등이 아니라 비율에 따른 평등을 만드는 것이다. 사실상 공적이 적은 사람과 공적이 많은 사람이 같은 비율로 보상받는다는 것은 정의롭지 못하다. 개인들은 재능이 다르기 때문에 개인들 사이에 평등을 이룰 수는 없다. 단지 그 관계에 있어서 평등을 이룰 수 있다. 그것은 $A/X=B/Y$의 형태로 씌어진다. A와 B는 사람들을 의미하고 X와 Y는 그 사람들 각자가 받는 부분을 의미한다. 이와 같이 분배의 정의는 똑같지 않은 사람들을 다르게 대우함으로써 비례의 공평함을 실현시킨다.

사실상 자유주의자들도 경제적·사회적 불평등의 존재를 인정하고 있다. 그러나 그것을 불의라고 판단하지는 않는다. 자유주의자들에 따르면 불평등은 재능에 따른 것이기 때문이다. 자유주의적 정의는 **기회의 균등**이라는 개념 위에 세워져 있다. 그 흔적은 이미 1793년의 인권권리장전 안에서 감지된다. 〈권리장전〉 5조에서는 이렇게 말하고 있다. "모든 시민은 평등하게 공직에 취업할 수 있다. 시민들은 선거에 있어서 그 덕과 재능 이외에 다른 선호 동기를 알지 못한다." 이 말은 직업이 누구에게나 개방되어 있으며 경쟁만이 결정 요인이라는 것을 의미한다. 어떤 지위를 얻는 데에 구제도에서 결정적인 역할을 했던 출생 배경이나 사회적 지위는 재능(장점)으로 대치되었다.

인간들은 똑같은 권리를 가지고 있지만 똑같은 재능을 가지고 있지는 않다. 자유주의자들에게 있어서 정부란 이러한 권리를 보장하기 위해 존립하는 것이다. 그 외의 것에 대해 그들은 자유 경합 체제를 신봉한다. 개개인은 다른 사람과 똑같은 성공의 기회를 사용하며, 모든 사람은 같은 규칙들에 예속되어 있다. 사회적 불평등은 재능의 불평등에서 기인되었을 것인데, 그것은 정의일 수밖에 없다. 정부는 부의 재분배에는 관여하지 않는다. 왜냐하면 그것은 법 앞에서 평등의 원칙에 위배될 것이기 때문이다. 누구인가에게 특권이 주어지면 모든 사람에게 공평해야 할 자유가 위협받게 될 것이다.

• 그런데 우리는 기회의 평등이라는 것이 순전히 형식에 불과하다고 자유주의를 반대할 수도 있다. 개인들이 똑같은 사회적 조건에서 태어나는 것은 아니다. 어떤 사람이 혜택을 받지 못한 계급에 속해 있다면 경제적 성공의 기회도 그만큼 줄어든다. 그러므로 성공한 사람들이라고 해도 반드시 남보다 더 재능이 있는 것은 아니다. 반대로 애초에 사회적인 불평등이 재생산될 가능성이 있다고 생각할 수도 있다.

스포츠의 평등 정신은 사람들이 이상적으로 기대하는 것에 가장 가깝다. 스포츠의 장점은 경쟁하는 사람들이 훈련·재료·예산에 의해 유리한 조건을 가질 수 있다는 것이다. 그러므로 기회의 평등이 현실화된다. 각자에게 자신의 적성을 개발할 기회를 제공함으로써 우리는 최초의 상황을 평등하게 만들 수 있다. 어쨌든 스포츠의 성공은 오직 재능에만 달려 있다.

사회 생활에 적용된 스포츠의 공평성은 소위 재능주의를 만들어 내게 되는데, 그것은 재능에 좌우되는 것이다. 스포츠에서 차용해 온 공식 '최강자가 승리한다'에다 '각자는 자기의 재능에 따라서 성공한다'는 공식을 대치하는 것으로 충분하다. 개개인의 사회적 지위는 그의 재능에 정확하게 일치할 것이다.

　그러나 대다수 많은 사람들이 이러한 사회를 견딜 수 없을 것이라는 전망 이외에도 두 가지 어려움이 대두된다.

　—— 이러한 종류의 제도가 빛을 보기 위해서는 정부가 그 구성원의 사생활에 개입해야만 한다. 왜냐하면 사회적 불평등의 가시적인 결과를 줄이기 위해서이다. 경제적으로 가장 혜택을 받지 못한 사람들은 정부의 도움을 받아야만 한다. 이렇게 하여 미래의 모든 사람들은 똑같은 출발선상에 놓이게 될 것이다. **하지만 자유주의자들은 그것을 용납하지 않는다.** 그들에 따르면 정부가 사생활의 영역에 간섭하는 것은 인간의 기본적인 자유를 침해하는 것이다. 왜냐하면 사실상 정부는 수당을 나누어 주는 것으로 만족할 수 없을 것이며, 정부 역시 사회의 모든 계층에 심대하게 영향력을 행사할 것이기 때문이다. (문화적인 환경, 사회 관계, 조합의 권위 등에 의해서 생긴 모든 형태의 특권들을 중성화시켜야 할 것이다.)

　—— 그 다음에는 좌파이건 우파이건 이러한 재능 만능주의적인 사고에 대해 행해질 수 있는 비판이 있다. **재능에 가치를 부여하는 것은 하나의 불평등 형태를 다른 형태로 대치하는 것이라는 점이다.** 만일 우리가 사회적인 모든 영향력을 제쳐둔다면——우리의 가설이지만——어떤 사람들이 다른 사람들보다 더 성공할 것이라는 생각이 어디에서 나오겠는가? 한 주체의 자유에 관련된 자질과 천부적인 적성이 작용하기 시작한다. 어떻게 이러한 적성

들을 평가할 것인가? 재능을 가지고 모든 것을 설명하는 것은, 천부적인 재능이 불공평하고 맹목적으로 분포되어 있다는 사실을 완전히 무시하는 처사이다. 따라서 이러한 가설을 받아들이기를 거부한다 해도 사회적 불평등, 경제적 불평등이라는 말을 폐지하고 천부적 불평등이라는 말을 쓰는 것이 당연하다. 개개인에게 똑같이 성공의 객관적인 기회를 줌으로써 사회는 자신의 모든 적성을 활용하는 가장 재능이 많은 자를 인정하게 될 것이고, 이것이 천부적인 불평등을 가속화할 것이다. 그리하여 자연의 상태에서는 효력이 없다고 말했던 천부적인 불평등들이 사회의 상태에서는 효력 있는 것으로 되어갈 것이다.

천부적인 불평등을 드러나 보이게 할 것이라면, 무엇 때문에 사회적 불평등을 회피하려고 애를 쓰는가? 정부가 간섭하든 간섭하지 않든 불평등은 존재할 것이다. 그러므로 정의는 그것이 정치적 정의(자유주의자들)이고 사회적 정의(신의 정부)인 한에 있어서는 불평등을 만들어 내게 된다. 정치적 정의는 사회적·경제적 불평등으로 이어지게 되고, 사회적 정의는 항상 그렇게 설명할 수는 없지만 천부적 불평등을 다시 활성화시킬 것이다. 불평등의 이러한 형태들 중 하나가 다른 것보다 더 정의로운가? 의심할 수밖에 없는 일이다!

3. 정의: 자유인가, 평등인가?

• 사회적·경제적 불평등은 인정하지만 그 불평등이 불의를 만든다는 주장은 거부하는 것이 바로 근본적인 해결책이다. 이러한

입장은 위대한 경제학자 하예크*에 의해 가장 단호하게 옹호되고 이론화되었다.(《법, 입법, 그리고 자유》, 2권) 우리는 소위 개인의 자유들을 희생하지 않고서는 사회적 불평등을 피할 길이 없다. 자유주의는 이러한 불평등들을 인정한다. **이러한 불평등이란 사람들의 자유를 유지하기 위해 치러야 할 대가이다.**

하예크에 따르면 사회적 불평등과 불의를 동일시하는 것은 진정한 문제에 대한 잘못된 해결이 아니라, 오히려 잘못된 문제에 대한 해결책이라는 것이다. 사실상 우리는 지성적인 의지에서 나온 것에 대해서만 정의롭다거나 불의하다는 수식어를 붙일 수 있다. 우연히 강타한 지진에 의해 여러 사람이 죽었는데, 다른 많은 사람들은 여전히 살아 있다고 해서 그것을 불공평하다고 말할 수 있는가? 그것은 의미가 없다. 왜냐하면 여기에서 문제가 되는 것은 어떤 목적의 표상에 따라 작용하는 지성의 결과가 아니라 자연적이고 맹목적인 과정 때문에 생긴 일이기 때문이다. 목적을 이루는 방식으로 작용하는 계획을 가지고 있는 사람에 대해서만 정의롭다든가 불의하다든가 말할 수 있다.

하예크에 따르면 사회는 자연의 유기체와 동일시되는데, 그것은 스스로 발전하고 행동한다. 사회의 질서는 혼자서도 정확하게 기능하며, 애덤 스미스의 표현에 의하면 《보이지 않는 손》에 복종하고 있는 것 같다. 그러므로 외부에서 사회에 대하여 영향력을 행사하려고 해서는 안 된다. 그렇지 않으면 사회의 정상적인 흐름을 와

---

* 대표적인 신자유주의 사상가 하예크(Friedrich A. von Hayek)는 그의 저서 《예종에의 길 *The Road to Serfdom*》을 통해 국가에 의한 규제와 통제를 비판하였다.

해시키는 위험에 빠지게 될 것이다.

사회의 질서는 시장의 법칙에 따른다. 그것은 냉혹할 정도로 불평등을 초래한다. 이러한 불평등은 인간 의지의 산물이 아니다. 그것들은 경쟁의 어쩔 수 없는 결과이다. 그러므로 불평등이 불의하다고 말하는 것과 이러한 불평등이 정당하다고 말하는 것은 모두 부적절하다. **불평등은 정의롭지도 불의하지도 않으며, 오히려 체제에 의해서 정당화되고 있다.**

그러므로 경쟁적인 경제 질서는 불평등에서 생겨난다. 그러나 그 불평등이 정의 때문에 생겼다고 할 수는 없다. 정의는 오직 시장의 규칙을 존중하려고 할 뿐이다. 다시 말하면 정의는 근본적으로 모든 사람에게 똑같은 자유를 보장하려고 하는 것이다.

• 이러한 논의를 하고 보니 **정의가 자유와 평등으로 나누어지는 것처럼 여겨진다.** 법의 평등성이 받아들여진 이상, 우리는 다음과 같은 딜레마에서 벗어나야 한다——사람들이 자유에 우위권을 인정하고, 거기에 따르는 모든 사회적 · 경제적 불평등을 받아들인다——또는 가장 가난한 사람들과 가장 부유한 사람들 사이의 너무도 큰 부조화를 해결하려고 시도한다. 그러나 이것은 자유를 좀먹는 일이 될 것이다.

정의는 평등이나 자유로 환원될 수 없다. 정의는 그것들 둘을 통합하지만 표면적으로 그 둘은 서로 모순되는 것 같다. 앞으로 계속 제시하겠지만 사실상 자유와 평등 사이에는 불양립성이 존재한다. 법의 평등에 관한 질문은 현대의 민주주의 체제에서 진정한 문제가 되지 못한다. 이제는 엄격한 규칙에 의해 통제되는 경쟁적 사회의 틀 안에서, 기본적인 자유에 대한 존중과 사회 정의에 대한 어떤 고민 사이에서 균형을 찾는 데 노력을 기울여야 한다. 자유와 평등은 서로 대립한다. 사람들은 오랫동안 좌파와 우파를 대립시켰던 것처럼 자유의 지지자들과 사회적 평등의 옹호자들을 대립시켰다. 자유 혹은 평등은 다른 것보다 가치가 있을 것이다. 따라서 이 대립적인 두 가치들 사이에서 가차없는 선택을 해야 한다.

그러나 정의에 대한 이상이 이 두 가치의 통합에서 구체화된다면, 무엇 때문에 하나가 다른 하나에 종속됨으로써 서로 양립할 수 없게 되겠는가? 만약 꼭 결정해야 한다면 자유가 우선이고 평등이 두번째라고 결론을 내릴 것이다. 왜냐하면 인간은 자유로운 동작주의 자격을 가져야만 인간이라고 인정되기 때문이다. 또한 **평등이 자유를 침해한다면,** 저항할 수 없는 힘을 부러워하는 경우가 아니라면 어느 누구도 평등이 실현되는 것을 바라지 않을 것이다. 자유가 그 자체로 목적이 되는 반면에 평등은 평등을 위해서 추구될 수는 없다.

하지만 우리는 사회적 불평등이 증폭되는 현실을 더 이상 무시할 수 없다. 이미 말한 바와 같이 아무것도 소유하지 못한 사람들에게 자유가 무슨 소용이란 말인가?

문제를 다시 정리해 보자. 정의(자유에 우선권을 주기로 동의한)는 정의와 모순되지 않는 불평등을 허용할 수 있는가?

• 롤스는 이 문제에 대해 근본적인 해결책을 제시하였다. 《정의에 대한 이론》이라는 그의 저서는 20세기 정치철학의 역사에 한 획을 그었다. 이런저런 방법으로 롤스의 저작을 참고하는 경우를 제외하고는 어느 누구도 이 문제에 대해 더 이상 글을 쓰지 않는다. 그에 따르면 정의는 다음과 같은 세 가지 원칙에 따라 조직된다.

1) 개개인은 모든 사람에게 공평한 기본법과 자유에 매우 적합

하게 되어 있는 체제에 대해 대등한 권리를 가진다. 또한 그 체제라는 것은 모든 사람을 위한 단 하나의 동일한 체제일 수도 있다.

2) 사회적·경제적 불평등은 다음 두 가지 조건을 충족해야만 한다.

(a) 기회의 균등이라는 조건에서 사회적 불평등은 재능과 지위에 결부되어 있는데, 그것들은 모든 사람에게 열려 있어야 한다.

(b) 사회의 가장 혜택받지 못한 사람들에게 가장 큰 이익을 줄 수 있는 것이어야만 한다.

첫번째 원칙(1)은 자유의 영역을 정의해 준다. 두번째 원칙(2a)은 기회 균등의 원칙을 제시하고, 세번째(2b)는 경제적 정의를 요구한다. 이 원칙들은 어휘의 순서에 따라 연결되어 있는데, 그것은 첫번째 원칙이 두번째 원칙보다 우선하며, 원칙 2a가 원칙 2b에 우선한다는 것을 의미한다. 항상 이러한 우선 순위에 따라 이 원칙들을 준수해야 한다. 첫번째 원칙과 두번째 원칙의 관계는 **인간은 다른 사람들의 복지를 증진시키기 위해 자유를 희생할 수 없다**는 것을 시사한다. 우리는 자유를 위해 자유를 제한할 수는 없다. 마찬가지로 2a는 2b를 지배한다. 그것은 기회의 평등을 보호하는 것이 복지와 관련된 것보다 우선한다는 것을 의미한다.

그러면 이제 우리의 질문과 직접적으로 관련이 있는 원칙, 즉 차별의 원칙(2b)이라 부르는 것에 대해 생각해 보자. 가장 정당한 방법으로 경제적 불평등을 체계화하는 것도 바로 그 차별의 원칙이다. 다르게 말하면 **자유와 기회의 평등을 다시 문제삼지 않는 한, 정부는 경제적 불평등에 영향을 주고자 한다**. 롤스는 **정당한 불평등과 부당한 불평등**이 존재할 것이라고 말한다. 정당한 불평등이란 가장 가난한 사람들에게 혜택을 주는 것이다. 그러나 롤스는 공동 신을 위해 특정인들의 복지를 희생하는 것은 금하고 있다. 우리는 가장 가난한 사람들의 복지가 증대되는 경우에 한해서만 가장 부유한 사람들의 복지를 증진시키는 것을 관용할 수 있을 것이다.

이와 같이 정의가 소위 불평등을 만들어 내는 것은 아니다. 정의는 단지 정당하다고 인정된 몇몇 불평등을 관용할 뿐이다.

동시에 롤스는 재능의 문제도 해결해 주었다. 재능은 도덕적인 의미를 가지고 있는데, 사람들이 점유하고 있는 사회적 지위를 마땅히 받을 만하다고 말하는 것은 아무 의미가 없다. 반대로 재능은 보상을 받으며, 천부적이거나 아니면 사회로부터 오는 것이라고 하는 편이 옳다. 이러한 관점에서 보면 월급은 어떤 재능을 승인하는 것이 아니라 능력(자격)을 승인하는 것이다. 결국 가장 재능이 많은 사람들이 자신의 위치에서 이익을 끌어낼 수 있다. 그러나 이것은 가장 혜택을 입지 못한 사람을 위한 것이어야 한다는 조건이 붙는다. 재능이 있는 사람들은 그들의 능력에 의해 부를 창출하기가 유리한데, 그 부는 가장 가난하고 능력 없는 사람들을 이용해서 얻은 것일 수도 있다. 이제 연대적인 정의의 모델에 대해 요약해 보겠다.

결국 정의는 불평등한 것으로 **보일 수 있다**. 그러나 정의는 어느 정도까지만 그렇게 보일 것이다. 정당한 사회는 그 사회 구성원들의 의견을 참작해야만 한다. 오늘날 민주 제도 안에서 우리는 국민의 의지와 단절된 이상적이고 완전한 정의의 존재를 인식할 수 없다. 체제적인 평등주의는 정의에 대한 선험적인 사고에 근거해서 추론했던 몇몇 위대한 공상가들의 담화에 불과하다.

엄격하게 평등한 사회는 모든 사람으로부터 결코 지지를 받을 수 없다. 정의는 우리로 하여금 부인할 수 없을 정도로 다른 사람들과의 평등을 요구하도록 한다. **그러나 거기에는 문턱이 있는데, 그것을 넘어서면 너무 지나친 평등은 더 이상 견딜 수가 없다.** 지나친 평등은 우리의 자유를 제한할 뿐 아니라, 특히 우리는 우리보다 못한 사람, 우리보다 일을 덜하고 효용이 적은 사람들과 동등하게 취급받는 것을 용납하지 못한다. 정의는 어느 정도의 불평등과 양립할 수 있다. 더 평등해야 한다는 구실을 댄다고 해서 한 사회가 다른 사회보다 더 정당한 사회가 되지는 않는다. 롤스에 따르면 '무지의 베일' 밑에 놓여진 사회의 구성원들은 그들이 사회 조직 안에서 차지하게 될 지위를 알지 못한다. 불평등이 가장 가난한 사람들의 운명을 개선시킬 수 있다면 불평등도 허용될 만하다.

그러므로 우리는 재능 우선주의의 관점에 다시 경도되지 않는다. 왜냐하면 불평등은 재능에 의해서 정당화되는 것이 아니라, 각자 자신의 능력들을 개발시키고 그것들이 정당한 가치로 인정받을 권리에 의해서 정당화되기 때문이다. 그렇지만 모든 사람의 재능은 공동체에게, 좀더 구체적으로는 가장 혜택을 못 받은 사람들에게 유익이 된다는 한에서 그러하다.

프랑스 정부의 표어인 자유·평등·박애는 오늘날 잘 드러난다. 자유와 평등은 정치적 정의의 두 가지 원칙이 된다. 분배의 정의는 평등보다는 박애에 근거하고 있다. 공화제의 박애는 **경제적 연대 책임**이 되어간다.

【참고 사항】

모든 불평등은 필연적으로 부당하다는 일반적인 확신에 대해 의문이 생겨난다. 따라서 이러한 의견의 가치를 본질적으로 느끼는 일이 중요하다. 우리는 정의와 불평등을 연관시키는 데 왜 저절로 혐오감을 느끼는지 자문해야 할 것이다.

이 일을 위해 **법의 불평등, 사회적·경제적 불평등**과 **기회의 불평등** 사이에 아주 정확하게 구분을 세울 필요가 있다. 그렇지 않으면 일반적이고 혼란스러운 주제를 무리해서 다루어야 한다.

우리는 이 주제를 정치적 정의에 대한 연구로 축소시켜서는 안된다. 문제는 **사회적 정의라는** 문제에 관련될 때에만 아주 밀도 있게 검토된다.

그러므로 오늘날 이러한 논쟁을 촉발하는 사고의 커다란 두 가지 흐름에 대한 개념을 가지지 않는다면, 이러한 문제를 합리적으로 다룰 수 없을 것이다. 말하자면 섭리의 정부와 비교해 볼 때 자유 정부가 무엇인가에 대해서 어떤 의견을 가져야 할 것이다.

주제 2 정의에 대한 지식이 존재하는가?

의로운 사람이 약속을 지키지 않는 경우가 때때로 있는데, 그것은 왜 그럴까? 우리는 일상에서 벗어난 상황에서 정의로운 사람이 어디에 있는지 항상 알 수 있는 것은 아니다. 모든 사람이 솔로

몬처럼 지혜를 가질 수는 없는 것이다. 따라서 우리는 정의로운 것과 불의를 판단하지 못하는 것이 우리의 지식이 모자라기 때문이라고 생각한다. **우리는 정의로운 것이 무엇인가를 결정하는 어려움을 우리의 무지 탓으로 돌리고 있다.**

우리가 법률의 도움을 받게 될 때, 즉 법에 의해서 예견된 경우일 때에는 우리에게 다른 지식이 없더라도 상관없다. 정의에 대한 지식이 문제시되는 경우는 합법적인 정의가 제공한 모든 해결책이 헛되이 소진되었을 때, 더 이상 정의에 대한 관념에 의지할 것이 남아 있지 않은 때에만 해당된다. 그렇다면 법률을 넘어서는 정의에 대한 보편적인 규범이 존재하는가? 만약 존재한다면 그것은 어떤 지식으로 가능한가?

만약 우리가 정의에 대한 지식이 존재한다는 것을 확증하기에 이른다면 인간은 무지를 보충하기만 하면 족할 것이고, 동시에 정의는 불확실성 때문에 고통받지 않을 것이다. 그렇게 되면 정의를 얼마나 능숙하게 말할 수 있는가에 따라 불가피하게 인간의 계급이 형성될 것이다. 정의에 대한 지식은 그러한 지식을 가진 사람에게 정의를 행사할 권리를 부여할 것이다. 그때부터 정의는 소수 특권층 엘리트들의 것이 될 것이고, 무지한 백성은 자기의 목소리를 낼 권리조차 박탈당하고 말 것이다. **만일 정의가 지식의 대상이라면 정의는 귀족주의적 특성을 띠게 될 것이다.** 정의를 실행할 수 있기 위해 정의에 대해 배워야 할 것이다. 어느 누구도 현자들의 결정에 이의를 제기하지 못할 것이다.

정의에 대한 지식의 문제는 재판의 민주주의에 대한 가능성의 문제로 이어진다. 정의를 장악하는 일은 그 특권들에 집착하는 소수의 일인가, 아니면 모두에게 공정하게 공유되는 일인가?

마지막으로——마지막 난제——만일 정의에 대한 지식이 존재한다면 그것은 어떤 성질일까? 과학적인 지식일까, 아니면 오히려 실용적인 지식일까? **정의가 과학인가, 아니면 예술인가?**

1. 정의의 개념

• 정의에 대한 지식의 문제를 다루기 전에 **우리는 법률적인 정의가 얼마나 자체의 부족함을 드러내었는지를,** 따라서 좀더 차원 높은 이상적인 정의의 척도에 맞춰 평가될 필요가 있는지를 밝혀보아야 한다.

원칙적으로 법률은 일반적인 것을 지향한다. 하지만 인간들의 행위는 개별적이다. 법을 적용시키기 위해서는 우선 법률적인 의미에서 **각각의 개별적인 경우들을 동일시해야 한다.** 다시 말하면 개별적인 경우를 규정지어야 한다. 규정짓는다는 것은 어떤 일을 법률의 조명하에서 생각하도록 해주는 일종의 분류이다. 어떤 사람에게 도둑놈이라고 재판하기 이전에, 저지른 행위가 그러한 명칭에 실제적으로 상응하는지를 확증해야 한다.

그런데 법은 본질상 모든 가능한 상황을 예견할 수가 없다. 즉 법은 모든 경우를 예측할 수 없다. 그러므로 **법률적인 공백**이 생기는 상황도 존재하는 것이다. 예를 들면 유전학 연구 분야에 있어서 과학의 발전으로 인해 법률 제정자가 예견하지 못한 경우가 발생하게 된다. 새로운 상황이 출현하면 법률 제정자는 법의 이러한 결함을 메우도록 강요받는다. 사실상 정확한 법률이 없을 때 임산부의 경우 어떻게 할 것인가? **법률이 침묵하는 그곳에서도 판사는**

판결할 수 있어야만 한다. 정의의 상위 원칙이 아니라면 판사는 무엇을 참고해야 하는가?

이렇게 해서 판례법의 체계가 발전되는 것인데, 판례법은 각 경우의 특수성에 좀더 관심을 가진다. 다른 말로 하면 법이 정의의 유일한 근원이 될 수 없다는 것이다. 법의 영역을 벗어나는 법정의 영역이 존재한다. 이러한 점에서 영국의 법은 프랑스의 법과 구분되며, 영국의 법은 판례법이라고 특징지을 수 있다.

요컨대 우리는 정의를 법으로 요약할 수 없다. 엄격한 준법주의에 반대하여 판사의 역할과 중요성을 환기해야 한다. 판사는 필요한 경우에 정의에 대한 자신의 관념만으로도 행동할 수 있는 사람이다.

• 법률에 의해 남겨진 공백을 제한하는 방법도 있다. 그것은 법률의 수를 늘리는 방법일 것이다. 이러한 계산으로 한다면 각각의 다른 상황만큼 많은 법률이 있어야 할 것이다. 그러나 법률을 무질서하게 배가시키게 되면, 법률은 서로 파괴될 위험이 있을 것이다. 사실상 법률 조항의 수가 많아질수록 그 법들이 서로 모순될 개연성도 커지므로 그것은 중요한 문제로 지적된다.

그 외에도 많은 수의 법을 만들 수 있다는 가정을 해보면, 우리는 이제 법을 그 엄격한 의미에서 말한다기보다는 오히려 하나의 시행령 정도로 여기게 될 것이다. 왜냐하면 특수한 경우에 대한 법은 더 이상 법이 아니기 때문이다.

입법자를 두렵게 하는 것은 어떤 경우가 법에 예외 조항을 만들 수 있다는 것이다. 그러므로 법의 부피를 엄청나게 늘리는 대신에 **법의 수를 적게 하고, 유기적으로 조정하는 것**이 더 바람직하다. 법을 체계적인 질서에 의해 만들면 예외를 가장 쉽게 피할 수 있다. 왜냐하면 어떤 법에서는 예외인 것이 다른 법에서는 쟁점이 될 수 있기 때문이다. 정당방위로 살인한 사람은 살인을 금하는 법에 관련해서 예외가 되기 때문이다. 그러나 이러한 경우는 우리의 생명이 위협받을 때 스스로를 방어할 수 있도록 허용하는 법에는 완벽하게 일치한다. 이와 같이 우리는 어떤 법률에 관련된 결함을 다른 법률에 의해서 합법화할 수 있다.

이러한 문제에 관심을 가졌던 라이프니츠는 한정된 수의 법을 합리적으로 조합함으로써 인간사의 전 영역을 개괄하려는 계획을 가지고 있었다. 그에 따르면 정확하게 조립된 법의 체계는 예외가 전혀 없을 수 있다는 것이다. 그러나 우리는 아직도 모든 법이 파생되어 나오게 될 근본적인 몇 가지 원칙들의 존재를 가정해 보아야 할 것이다. 법률의 순서를 정하는 것은 정의 그 자체에 대한 선결적 관념에 따라야 한다.

• 마지막으로 법률이 정의가 아니라는 것을 밝히는 것이 결정적인 논거이다. 만일 법률이 정의라면 결과가 정의롭기 위해서는 맹목적으로 법을 적용하기만 해도 충분할 것이다. 그런데 **법을 지나치게 엄격하게 적용하면 계획된 것과 반대되는 결과가 생길 수도 있다.** 이러한 메커니즘은 전도된 결과의 영역에 속한다. 판사의 자의성을 최소화시키고자 하여 사람들은 그들이 법률의 대변자로 만족하기를 바라며, 법률을 **문자 그대로** 적용하기를 원한다. 그러나 그 결과 판사는 제시되는 특별한 경우에 대해 법률을 해석하기를 스스로 자제한다.

성 토마스가 제안했던 다음과 같은 예를 생각해 보자. "포위당한 마을이 있었는데, 문을 반드시 닫아두라는 명령이 내려졌다. 그 마을의 구원이 달려 있는 시민들이 적들에게 추격당하게 되었을 때, 그 시민들에게 문을 열어 주지 말아야 하는가는 그 마을이 미리 결정해야 할 문제가 될 것이다." 이러한 경우 상황을 참작해서 법을 적용해야만 한다. **법의 정신**에 충실하기 위해 법의 문자를 위반하는 것——포위된 마을의 문을 열어 주는 것——이 더 나을 것같이 보인다. 그것은 마을 구성원들의 이익을 보존하기 위한 것이다. 우리는 법을 단순한 문자로 축소시켜서는 안 된다. 다른 말로 하면 우리는 정의에 대한 우려를 가지고 적용된 정당한 법이 불의한 상황을 만들 수도 있다는 것을 알고 있다.

그러므로 법률은 강제적으로 **해석되어져야** 한다. 이러한 엄격하고도 정확한 법의 공식 뒤에서 현실적인 의도를 알아차려야만 한다. 본질상 법의 문자는 그 정신을 담을 수 없다. 이것은 다시 한 번 법의 의미는 그 궁극적인 목적, 즉 정의와 관련해서만 밝혀질 수 있다는 것을 보여 준다. 판사가 정의에 대한 생각을 가지고 판결문을 낭독할 때 그는 법을 해석하게 될 것이다. 요컨대 정의에 대한 관념만이 법의 정신을 구성한다.

자연적인 정의가 법적인 정의를 초월하여 존재한다는 결론을 내리자. 이러한 구분은 실정법과 자연법 사이의 이분법을 검증해 준다. 결과적으로 성문법은 씌어지지 않은 상위의 법에 좌우되는 것이고, 우리는 이제 어떻게 자연법이 인간에게 알려지게 되었나를 질문해 보아야 한다.

2. 정의에 대한 학문

- 우리는 첫째로 **법률의 불충분성**이 정의와 불의에 대한 완벽

한 지식의 문제로 슬그머니 흡수될 수 있는 경우에 직면할 수도 있다. 법은 한편으로는 지식의 결함을 보충하고, 다른 한편으로는 정의를 심판해야 하는 사람의 의지 박약을 보충해 주는 장점이 있다.

우선 후자에 관해서 말하자면 우리는 가장 정의로운 사람, 가장 지혜가 많은 사람일지라도 재판에 있어서 그의 성향과 기질이 개입되는 것을 완전히 피할 수는 없다. 어떤 권력을 가진 사람은 그것을 남용하고 싶은 유혹을 받는다. 혹은 그것을 자신의 이익을 위하여 사용하고 싶은 마음이 생긴다. 바로 거기에서 정치적 사고에 대한 친숙한 격언이 자리잡는다.

법은 불변성이라는 힘을 가지고 있다. 의지는 기분에 따라 달라지기도 하고 변덕스럽다. 그 심각한 불안정성 때문에 의지는 변덕스럽다. 의지는 매순간 자신의 결정을 다시 해야 하고, 생각을 바꿀 수 있다. 법은 미리부터 우리로 하여금 이와 같이 우발적으로 돌변하지 못하게 준비시킨다. **법은 우리로 하여금 우리가 바라는 정의, 그러나 사소한 것 때문에 잊을 수도 있는 그 정의에 충실하게 남아 있을 것을 경고한다.**

• 법은 두번째 결함, 나중에는 가장 중요한 결함을 얼버무린다. 그것은 플라톤이 《정치학》에서 말한 바와 같이 여행을 떠난 의사가 써주고 간 처방전과 같다.(295c) 부재중에는 의사가 써준 처방전을 따라야 하지만, 의사는 적절한 시기라고 판단하는 순간부터 자신의 권리를 되찾을 것이라는 의미이다. 그 어느것도 의학을 의사로 대체할 수는 없다. 의사는 자신이 쓸 수 있는 텍스트를 늘 넘어설 것이기 때문이다.

정의에 대해서도 마찬가지이다. 법은 보충의 역할을 한다. 법은 그보다 더 높은 것이 있지 않다는 것을 의미한다. 법은 대개 필요하다. 법 자체가 자신의 토대가 되기 때문이 아니라 정의에 대해 완전한 지식을 가질 수 있는 지성을 찾기가 어려워 보이기 때문이다. 플라톤은 이 점에 대하여 《법률》(9권)에서 다음과 같이 쓰고 있다. "사실상 지식의 힘보다 더 우월한 능력을 가지고 있는 법도, 어떤 규칙도 없다. 그리고 지성이 그 무엇에 종속되는 일도 없다."

마지막으로 인간들은 법률을 지도하기 위한 '정치의학자'가 존재하지 않는 한 법에 복종할 의무가 있다. 정의에 대한 지식을 소유한 어떤 사람이 온다면, 즉 그 사람은 수많은 법률과 규약들을 제공하기는커녕 **그의 법 지식을 유일한 법으로** 사용할 것이다. 그가 정의보다 우위에 있는 지식을 마스터한다면 무엇 때문에 법률에 따라 명령하려고 애쓰겠는가? 플라톤은 영구적으로 지식과 법률을 대립시키고 있다.

우리가 규칙에 순종해서 행동하는 것은 보다 일반적으로 주목할 만한 일이고, 때로는 이해하기 힘든 일이기도 하다. 우리가 하고 있는 일에 대한 지식을 가지지 못하고 있을 때 법이나 규칙은 우리에게 행동할 것을 명령한다. 계산 법칙(예를 들면 비례 계산법)들은 우리로 하여금 그것을 이해하기 위한 근심이나 고통을 덜어준다. 우리는 진실로 무슨 일이 일어나는지 전혀 모르면서도 그것을 기계적으로 적용시키는 데 만족할 수 있다. 정의의 문제에 있어서, 정의에 대한 지식을 가진 사람이 정의롭게 되기 위하여 **법을 지킬** 필요가 없다고 하는 것은 어디에서 유래된 말인가. **그는 자발적으로 정의에 순응한다.**

• 이제 우리는 정의에 대한 지식이 어떤 면에서 탁월한 학문의 형태를 띠게 되는지 검토해 보아야만 한다.

물론 여기에서 말하는 정의에 대한 학문은 수학적 학문과 같은 의미가 아님은 분명하다. 수학은 원리와 정의로부터 출발해서 완전히 선험적인 방식으로 전개될 것이며, 정리들을 만들게 될 것이다. 우리는 플라톤이 모든 정의로운 행동들과는 별도로(상관없는) 정의에 대한 실체 자체가 존재한다는 것을 의미하기 위해 사용한 이 용어를 쓰고 있다. **거기에서 정의에 대한 지식을 가진다는 말은 진실로 정의에 대한 개념을 파악한다는 것이다.** 정의의 실체, 정의에 대한 절대적인 지식은 이러저러한 개별적인 정의의 구현을 고려하는 데서 발견되는 것이 아니고, 정의에 대한 관념 자체 안에 존재한다.

따라서 우리는 학문이 여론과 혼동될 수 없음을 이해하고 있다. 여론은 학문과 무지 사이에 위치한다. 진정한 지식은 사물들의 존재에 대한 것이다. 정의를 안다는 것은 정의에 대한 지식을 가지고 있다는 것이며, 그것은 정의 자체를 파악하는 것이다. 여론도 때때로 진실할 수 있다. 그러나 여론에는 사물에 대한 실체적인 현실이 부족하다. 여론은 존재에 대한 이미지를 취한다. 여론은 간혹 **정당한 일**을 판단한다. 그러나 여론은 **정의 자체**를 알지 못한다. 그 맹목성 속에서도 정의를 위해 정당한 일들을 취한다. "학문의 대상은 존재이다"라고 플라톤은 《공화국》(5권, 478b)에서 쓰고 있다. "비존재에 대해 우리는 무지해도 된다. 그리고 존재에 대해서 지식을 가지면 된다……. 그러므로 여론은 존재에도 비존재에도 적용되지 못한다."

우리는 여론에 의해서 어떤 행동이 올바르다고 **인정**할 수 있으며, 필요한 경우에는 정당한 행동들을 수행할 수도 있다. 그러나 그렇다고 해서 우리가 정의에 대한 지식을 소유하는 것은 아니다. 정의에 대한 지식을 가진 사람은 모든 특별한 경우들을 다 포함할 수 있어야만 하며, 이와 같이 가능한 경우들의 총체를 감당할 수 있어야 한다.

다른 중요한 점도 있다. 어떤 사람은 정의에 대한 지식을 보유하고서 정의에 맞게 순응하여 행동하는 일만 할 수 있다. 그것은 "어느 누구도 고의적으로 악하지 않다"는 소크라테스적인 지성주의와 상응한다. 정의에 대한 지식은 행동하는 데 있어 단절 없이 일어난다. 정의에 대한 개념은 그 자체로 효과적이다. 사람들은 그 힘에서 벗어날 수 없다. 무지한 사람이나 자신의 견해를 고집하는 사람만이 불의한 행동을 저지른다.

정의를 행사하는 임무를 누가 맡아야 할 것인가? 플라톤이 《국가》(5권, 473d)에서 한 선동적인 대답은 철학자에게 맡기라는 것이다. 국가에서 정의가 통치할 수 있기 위해서는 철학자들이 왕이 되거나, 아니면 왕이라 불리는 사람들은 철학자가 되어야 한다. 플라톤에 따르면 정치는 정의와 불의를 심판하기 위한 필요 조건들을 충족시킬 수 없다. **왜냐하면 그 힘은 어떤 지식에 근거하고 있지 않기 때문이다.** 플라톤은 정치가들을 약탈자라고 비난한다. 권력에 관심이 없고 진리에 대한 열정으로 고무된 철학자는 그 순수성 속에서 이데아를 볼 수 있는 예외적인 특권을 가진다. 이러한 지식을 바탕으로 해야 그는 통치자의 지위에 합법적인 유일한 계승자가 된다.

그렇지만 철학자가 진리에 사로잡혀 있을 때 그는 권력을 추구하지 않는다. 정부의 수장 자리 역시 상당히 문제가 있어 보인다. 왜냐하면 그 자리는 한편으로 그것을 차지하고 싶지만 무지해서 그럴 자격이 없는 정치가가 포기해야 하는 자리인 데 비해, 다른 한편으로는 그 지위를 소유해야만 하는 철학자는 그것을 원치 않기 때문이다.

누가 되었든 정의에 대한 지식의 수준까지 올라갈 수 있는 사람들은 드물다. 그들은 매우 제한적인 엘리트 집단을 형성한다. 그러므로 정의를 지식의 대상으로 삼는다는 것은 국민에게 정치적 문제에 관해서 표현할 권리를 부인하는 일을 함축한다. 만약 정의가 전문가의 일이 된다면 국민은 철학자-왕의 권위 있는 의견에 따르는 수밖에 없다. 그때부터 민주주의는 위기를 맞게 되는 것이다.

3. 신중함

• 법의 불충분함으로부터 우리는 법이 정의보다 차원 높은 지식 안에 뿌리를 내리고 있다는 사실을 연역해 냈다. 하지만 아주 다르게 결론을 내릴 가능성도 있다.

반대로 **법의 결함은 사물의 본질 자체를 구성하며, 그 결함이 어떤 지식으로도 대체될 수 없다**는 것을 보여 줄 수 있다. 우리는 법률이 모든 가능한 경우에 다 적용될 수 없다는 것을 말한 바 있다. 항상 예외는 존재한다. 그러나 아리스토텔레스가 말한 바와 같이 "법은 비난받을 것이 없다. 왜냐하면 그 잘못은 법의 탓이 아니며, 그 법을 제정한 사람의 탓도 아니다. 그것은 사물의 본질상 그런 것이다. 그러한 본질 때문에 실용적인 계열에 속하는 사물의 내용은 이러한 비규칙적인 특성을 미화하고 있다."《니코마코스 윤리학》, 5권 14장) 법의 불완전성이란 보편적으로 근거가 있는 말이다. 그것은 자연의 우발성과 관련되어 있다. 자연은 필연에 종속되어 있지 않으며, '대개의 경우 일어나는 일'에 따르고 있다. 이와 같이 법과 사건 내용 사이에는 단절이 존재하는데, 법은 본질상 **보편성**을 지향하며 그 법이 적용되는 내용은 **개별적인 사건들**로 이루어진다. 어떠한 지식으로도 좁힐 수 없는 이러한 거리는 법과 자연의 관계에도 동일하다. 이러한 관점에서 학문은 법과 같은 약점으로 괴로워한다. 왜냐하면 학문도 역시 보편적인 것을 다루고 있기 때문이다. 그것은 정의에 대한 학문이라는 개념을 거부하는 것으로 족하다.

플라톤은 법 속에서 인간이 무지하다는 표지를 보고 있다. 아리스토텔레스 역시 어떠한 인문과학도 법의 부족함을 극복할 수 없을 것이라는 사실을 인식하였다.

플라톤에게 있어서 법이란 정의에 대한 지식을 가지고 법을 초월하는 사람에 의하여 수정될 수 있는 것이다. 아리스토텔레스 역시 법은 필요한 경우, **공평**에 의하여 시정될 수 있다고 제안하였다. 그 이후로 정의는 두 가지 의미로 말해진다. 법에 의한 정의와 법적인 정의의 부작용을 방지하기 위한 정의가 그것이다. **이러한 의미에서 공평은 여전히 정의에 속하기는 하지만 법에 따른 정의보다 우위에 있다.** 그러면 공평하게 판단하는 이러한 재능의 본질은 무엇일까? 공평한 인간이 철학자–왕을 대치하는가, 아니면 철학자–왕이 참조하고 있는 초월적인 정의가 여전히 지식의 형태를 띨 것인가?

• 아리스토텔레스에 따르면 공평한 사람은 가장 높은 단계인 **신중함**의 덕을 소유한 사람이다. 신중함(그리스어로 phronèsis), 혹은 우리가 때로 실용적인 지혜라고 부르는 것은 학문이 아니다. 신중함은 **상황에 따라** 정의를 판단할 줄 아는 것이다. 신중한 사람은 각 경우의 특수성을 고려한다. 그는 상황의 다양성에 자신의

판단을 적용시킬 줄 안다. 이러한 지식은 각 사건의 특수성에 상응하며, 따라서 항상 변화한다. 그렇다고 그가 모든 학문을 구성하고 있는 보편적이고 필연적인 진리들로부터 자유로울 수 있다는 것은 아니다. 학문은 필연적으로 존재하는 사물들에 대해서만 뚜렷이 나타난다. 신중함은 인간의 행위가 될 수 있는 대상들에 관련되어 있다.

하지만 신중한 사람은 우연적으로 아무렇게나 판단하지 않는다. 그의 지식은 **경험**에 근거한다. 그는 반복과 기억에 의해서 그 지식을 획득한다. 그러므로 그 지식은 개별적인 것에 관련된 단순하고 감각적인 지식을 초월한다. 그 지식은 점진적으로 경험에서 이끌어 낸 교훈들로 형성된다. 따라서 그 지식은 **학문의 특성이 아닌 일반성의 특징**을 띠는 규칙들로 형성된다. 학문의 보편성이란 필연의 보편성이다. 그것은 원인을 아는 지식에 근거하고 있다. 반면에 경험의 일반성은 습관의 결과에 불과하다. 이러한 이유로 신중함은 배운 지식이라기보다는 체험된 지식이다. 이론적인 방법으로 신중함을 가르칠 수 없다. 모든 **실용적인 지식**과 마찬가지로 우리는 오랜 개인적인 경험에 의해서만 그러한 지식을 자신의 것으로 삼을 수 있다. 그렇기 때문에 신중함의 덕을 얻는 데는 시간이 걸린다.

정의에 대한 지식은 판례라는 용어의 문자적인 의미가 된다. 그러나 그것은 재판에 의해 행해진 개별적인 결정들의 총체라는 의미보다는 그 결정들로부터 암암리에 추론되는 정의의 규칙들에 더욱 가까운 의미이다.

요컨대 이데아의 하늘에 군림할 만한 정의에 대한 지식은 존재하지 않는다. 정의로운 인간의 패러다임은 현자라기보다는 신중한 자이다. 아리스토텔레스에게 그것은 페리클레스*의 상징적인 형상을 띤다. 공평한 방법으로 신중하게 판단하는 것, 그것은 우리로 하여금 어느 정도 신중한 자의 자리에 앉을 것을 요구한다. 따라서 신중한 사람을 우리 행동의 모델로 삼아야만 한다. **간단히 말해서 신중한 사람은 정의의 진정한 기준이 된다.**

• 앞서 말한 바와 같이 신중함이란 어떤 학문 안에 스스로를 가두지 않는다. 우리는 신중함을 **기술적 계열의 지식**으로 환원시킬 수 없다. 이러한 유형의 모든 지식은 공리적으로 고려해야 하는 수고를 덜어 준다. 집을 건축하는 사람은 그가 목적하는 바의 가치에 대해서 묻지 않는다. 그에게 중요한 것은 집이 기술적·성공적으로 지어지는가뿐이다. 이러한 관점에서 보면 건축가의 지식은 중립적이다. 그는 방법의 지식을 목표로 하기 때문에 결과의 가치에 무관심하다. 어떤 사람이 이러이러한 건축물을 세우는 것이 옳은가를 판단할 수 있는 것은 건축가가 아니다. 의학적 지식 역시 병을 치료하는 만큼 사람을 죽일 수도 있다는 것을 허용하기 때문에, 위험에 빠진 사람의 생명을 구해야만 한다는 것을 가르치지 않

---

* Pericles: 고대 아테네의 정치가·군인. 아버지는 크산티포스, 어머니는 아가리스테(클레이스테네스의 질녀)로 소피스트적인 교육을 받았으며, 대단히 웅변적이었다. 최고의 명문 출신이었으나 키몬에 대항하기 위해 귀족파가 아닌 민주파의 지도자가 되어 B.C.462년 에피알테스와 함께 귀족 세력의 거점인 아레오스파고스회의의 권리를 박탈, 평의회·민중재판소·민회에 실권을 가지도록 하는 법안을 제출하였다. 이듬해 에피알테스가 정적에게 살해당하고, 키몬이 도편추방되자 정계에서 그의 지도권은 확고하게 되었다. 그 결과 제3신분에 있던 자들까지도 최고관인 아르콘에 취임할 수 있게 되었고, 또한 배심관·관리의 일급(日給), 연극 관람수당을 비롯하여 희망자 중에서 관리를 추첨으로 선출하는 등 민주정치의 기초를 마련하였다. 또 B.C. 447년부터는 파르테논 신전의 건조를 시작하였고, 아테네 시가의 미화(美化)에도 힘썼다.

는다.

정치학 역시 방법의 문제에 관심을 가지지 않는다. 정치가는 이러한 일을 전문가들에게 맡긴다. 이러한 이유로 정치가는 경제학자들이나 군사전략가 같은 사람들에게 둘러싸여져 있다. 정치가는 무엇이 옳은 것인가를 정해 주어야 할 책임이 있다. 그의 선택은 목적을 지향하고 있지 수단에 있지 않다. 바로 그러한 이유로 인해 행동하기에 정당한 것은 어떤 기술적인 지식에 의해서 환원될 수 없다.

국민에게 귀속되어야 할 권력과 전문가들에게 허락해야만 할 권위 사이에서 사물에 대해 민주적으로 고려해야 한다는 결론이 나온다. 정의가 기술적인 지식에 근거하지 않는다면 정의는 데카르트가 말하는 양식처럼 세상에서 가장 고르게 분배된 것이다. 재판의 민주주의는 정치적 민주주의의 토대가 된다. 모든 의견들은 대등하다. 한 사람이 하나의 투표권을 가진다. 국민들은 대표를 통해서 자신의 주권을 행사하는 것이 서로 정당하다고 인정한다.

그러면 다음과 같이 물을 것이다. 정치가가 무슨 소용이 있는가? 그러면 사람들은 다음과 같이 대답할 것이다. 정치가가 하는 일 중 하나는 **무엇이 정의인가를** 결정하는 것이며, 국민들이 할 수 있는 일은 **결정되어진 것을 판단하는** 일이다.

모든 기술적인 일에 관해서 정치가는 필요한 능력을 가진 사람들에게 논리적으로 호소할 것이다. 정의로운 사람은 전문가들의 역할을 과소평가해서는 안 된다. 왜냐하면 정당한 의도를 가졌는데 그 의도를 수단의 문제에 잘 적용시키지 못해서 실패한 사람이 있다면, 그는 비난받아 마땅하기 때문이다. 그 사람은 단순한 오류 이상으로 무지에서 기인한 과오를 저지른 것이다. 그러므로 정당한 행동의 기술적인 측면을 무시해서는 안 된다. 방법의 선택이 대단히 중요하다.

　정의는 어떤 기술적인 지식으로 요약될 수 없다. 또한 정의는 전문가의 관점에 종속되어서도 안 된다. 그렇게 되면 방법이 목적을 결정하게 될 것이기 때문이다. 하지만 정의는 전문가의 의견 없이 단독으로 존재할 수는 없을 것이다.

　우리가 제시한 것은 정의가 지식의 대상은 아니라는 것이다. 정의는 능력의 문제도 아니다. **정의는 판단의 행위 자체 안에 있다.** 그런데 판단하는 기능은 상식과 혼동된다. 상식이 없는 사람은 하나도 없다. 형법의 정의에 있어서 어떤 사람이 법정의 배심원으로 소환될 수 있다. 무작위로 선택된 배심원들이 대표하는 국민에 의해 정의는 판결된다. 정치적인 차원에서——법적인 정의에 관련된——이와 똑같은 사상이 대중의 주권 원칙에 의해 증명된다.

　재판한다는 것은 어떤 개별적인 경우를 하나의 규칙에 포함하는 것이다. 만약에 어떤 규칙이 주어지면(법이 존재한다), 그것을 정확하게 적용해야 한다. 다시 말하면 규칙을 기계적으로 적용하는 것이 아니라 분별력을 보여 주어야 한다는 것이다. 만약 규칙이 없다면(법률적인 공백) 법률을 만들어야 하는데, 그것은 신중한 사람이 해야 할 일이다. 이 두 경우에 있어서(칸트의 경우 결정적인 판단과 숙고적인 판단에 각각 상응하는 것이다), **그 어떤 절차도 재판을 시행하는 일을 면제해 줄 수 없다.** 우리는 기껏해야 판례에 의지할 수 있을 뿐이다.

　그러나 정의에 대한 전문가들도 있다고 한다! 법은 가르쳐지고 책 속에 기록된다. 그 어느것도 법의 학문에 대해 말하는 것을 금지할 수 없다! 그렇다. 그러나 그것이 아무것도 바꾸어 놓지 못한다. 우리는 법, 법의 규칙들, 법의 특성인 추론들을 알 수 있다. 하지만 가장 박학한 사람이라 할지라도 그 해박한 지식이 재판하는 기능에 의해서 유지되지 않는다면 결코 정당한 판결을 내릴 수 없다. 그러므로 재판은 배워지는 것이 아니며, 사람들이 그것을 연습할 수 있을 뿐이다.

그렇다면 재판이 개개인의 의견을 번역하는 일에 불과하지 않은가 하는 의구심을 가질 수도 있다. 왜냐하면 재판한다는 것은 어떤 무엇을 **확증하는** 일이기 때문이다. 그러나 그것은 또한 사물들의 존재를 **규정하는**──모든 재판의 모호성이 거기에 있다──일이다. 그러므로 어떤 행동을 정당하다고 재판함으로써 우리는 그 행위가 정당하다고 **결정하는** 것이다. 동시에 정의의 보편적인 규범에 따라서 그 행위가 정당하다고 **인정하는** 것이기도 하다.

【참고 사항】

질문은 분명하고 명백하게 표현되어 있으나 주제는 그렇게 쉽지 않다. 오히려 어떻게 접근해야 할지조차 알 수 없다.

우선 정의에 대한 지식의 존재가 전제하고 있는 것이 무엇인지 알아보아야만 한다. 만일 정의로운 것이 법으로 요약될 수 있다면, 법에 기재되어 있는 것만이 정의라면, 정의에 대한 학문은 법에 대한 학문과 혼동될 것이다. 그렇다면 이 질문은 더 이상 문제될 것이 없다. 우리는 법과 정의 사이에 간격이 있다는 것을 보여줌으로써 논쟁을 다시 일으킬 수 있다. 왜냐하면 법률에 대한 지식으로는 정의를 완성하는 데 충분치 않기 때문이다.

이러한 예비적인 조사를 한 후에(여기서는 제1부의 대상이 되었다), 정의를 대상으로 삼고 있는 **학문의 본질**에 대한 분석이 행해져야 한다. 이론적인 지식인가, 실용적인 지식인가. 우리는 정의에 대한 학문이 존재한다는 것을 부인할 수 없는데, 오히려 정의에 대한 사고만 존재한다고 생각하기를 더 선호하는 편이다. **아는 것과 판단하는 것** 사이의 거리를 지적하는 수밖에 없다.

이러한 주제에 대한 인용문의 선택은 범위가 넓다. 어쨌든 플라톤과 아리스토텔레스의 비교는 가장 명백하다. 그들이 각각 생각한 것으로부터 전통이 내려올 것인데, 플라톤은 **정의에 대한 학문**을, 아리스토텔레스는 **신중함**을 말했다.

주제 3   정의로운 행동이 보복 행위가 될 위험은 없는가?

정의는 보복이 아니라는 사실이 이 질문 안에 이미 들어 있다. 그러나 이 둘 사이에 정의가 복수가 될 수 있는 관련성이 있음이 분명하다. 정의는 복수와 특별히 구분되어야만 한다. 그러나 정의가 복수로 변질될 위험도 있음을 이해해야 한다. 그렇다면 요컨대 정의는 법의 테두리 안에 들어 있고 복수는 법의 밖에 있는데, 어떻게 이러한 일이 가능할 수 있는가?

정의와 보복을 연관시키는 것은 그것들이 나타나는 방식에서 연유된다. **그 두 가지 행위에서 징벌이라는 공통의 행위가 나타난**

다. 정의에 의해 과해지든 복수에 의해 저질러지든 벌이란 똑같은 본질을 지닐 수 있다. 예를 들면 살인죄에 대해 극형을 내릴 수 있을 것이다. 그러나 이 두 경우에 있어서 죄인을 벌하는 것이 중요하다고 주장할 것이다. 형법적인 정의이든 개인적인 정의이든 고통을 줌으로써 죄에 대응하고자 한다.

형벌을 적용하는 것으로서의 정의의 행동도 외관상 보복 행위와 다르지 않다. 행위의 현상성은 벌이라는 도가니 안에다 정의와 보복을 혼합한다. 그로 인해 우리는 순진하게도 복수하는 것, 그것이 바로 정의를 존중하는 것이라고 믿게 된다.

따라서 마음을 어둡게 만드는 형벌의 문제를 일시적으로 잊어버리고 합법성의 문제에 대해 숙고해 보아야 한다. 똑같은 행위가 가장 좋은 정의의 표지로 보이게도 하고, 반대로 가공할 만한 죄악으로 여겨지게 만드는 것은 무엇인가?

복수 행위가 정의가 될 위험은 없다. (그러나 이것은 더 이상 의미가 없다.) 왜냐하면 거기에는 어떠한 위험도 없을 것이기 때문이다. 그러나 복수가 정의로 여겨질 때 진정한 위기가 있다. 보복을 행하는 어떤 불행한 사람이 희생자의 운명을 자의적으로 결정함으로써 사실상 정의를 행사하는 것이 아니라 보복 행위를 수행하는 것임을 우리는 인정한다. 보복을 통해 정의에 이를 수는 없다. 오히려 반대 방향을 택한다면 우리는 국가의 정의에 대해 고찰할 수 있다. 즉 같은 사회 구성원 중 하나를 공격함으로써 손해를 입힌 사람에 대해 정의는 사실상 사회가 행하는 보복의 형태를 띠고 있다는 것을 확신하게 된다. 이와 같이 국가는 받은 손해에 대해 기민하게 복수한다. 그것도 아주 명백하게 공정하고 중립적인 정의를 행사한다는 구실하에 그러하다.

그러면 제도적인 형법 재판 뒤에 집단적인 복수 정신이 있는 것은 아닐까? 사형 제도에 대해서 질문은 더욱더 예리하게 제기된다. 사형 제도는 종종 사회 체제가 행하는 맹목적인 복수의 결과로 해석된다.

1. 재판은 복수를 용납하지 않는다

• 복수는 인간이 사회에 입문하기 이전에 인간 상황을 결정한다고 생각된다. 또한 자연 상태에서 인간은 복수의 욕망을 알지 못한다. 왜냐하면 자연 상태의 인간에게는 기본적인 조건인 자존심이 부족하기 때문이다. 루소의 용어에 따라 "자기의 보존을 위해 모든 동물을 깨어 있게 하는" 자기애와 "각 개인으로 하여금 다른 사람보다 자기 자신을 더 낮게 여기게 하는"(《불평등기원론》) 자존심을 혼동해서는 안 된다. 자존심은 인간들이 행하는 비교에 의해 유지된다. 타인보다 자신을 더 사랑하는 각 개인은 **다른 사람들보다 더 사랑받기를 추구한다**. 거기에서부터 인정받고자 하는 요구가 생기고, 복수심의 근거가 되는 방어의 가능성이 생긴다. 사실상 침해받는 것만으로는 복수할 이유가 불충분하다. 복수하기 위해서는 그 자존심에 상처를 입어야 한다.

자기애에 빠진 자연인은 사람들이 그에게 가하는 우발적인 고통에 대해서 모욕감을 느끼지 않을 것이라는 사실을 루소는 인식했다. 절도나 폭력, 그리고 폭력의 극단적인 경우도 있는데, 그것들은 아무런 흔적도 남기지 않을 것이다. 왜냐하면 "자만심은 전투와 관련이 없기 때문이다." 서로 주먹질이 오갈 수 있다. 하지만 패배자는 사람들이 그에게 가한 아픔 때문에 괴로워할 것이다. 게다가 그 아픔이 쉽게 회복될 수 있는 만큼, 예를 들면 다른 사냥감을 추격한다든가 도둑질당한 물건이 대체된다든가 하면 빠르게 잊혀질 것이다. 여기에는 어떤 정신적인 상처도 없다.

복수는 그 기억에 의해서 자양분을 공급받는다. 그러므로 자연인은 자기애 속에서 살고 있다. 복수는 준비하고 되새김질한다. 복수는 숙고의 시간이 주어지면 더욱더 무자비해질 수 있다. 복수 속에 반드시 맹목적인 것이 있는 것은 아니다. 폭력을 폭력으로 응징한다는 본능적이고도 자발적인 대응은 차라리 계산된 복수에 비하면 아무것도 아니다.

그렇다면 복수의 목적은 무엇인가? 나중에 몽테크리스토 백작이 된 에드몽 당테스가 복수하기로 결심할 때, 자신을 불행하게 만든 사람들을 벌함으로써 자신이 겪은 피해를 보상받고 **싶어한다**. 그러나 복수를 하더라도 그 벌이 이전 상황을 복구하지 못한다. 저질러진 악은 없어지지 않는다. 어느것도 에드몽 당테스가 감옥에서 보낸 세월을 원상태로 돌려 줄 수 없을 것이다. 어떤 벌로도 이미 잃어버린 것을 복구할 수가 없다. 그러나 벌이 물리적인 악을 치료할 수 없다 하더라도 벌은 **정신적인 위안**을 가져다 줄 수는 있다. 즉 우리를 해치려는 의도를 가진 사람을 벌하였다는 위안감이다. 우리는 단순히 악을 행한 사람에게 복수하려기보다는 우리에게 **의도적**으로 악을 행하려고 했던 사람에게 복수하기를 원한다.

그렇다면 자연인은 실제로 **인격 자체**를 공격한다는 생각을 하지 않기 때문에 피해를 가한 사람 편도 없고, 혹은 **인격적으로** 상처받았다고 느끼지 않기 때문에 피해를 당한 사람 편이 없는가 하는 문제는 밝혀 보아야 한다. 그러한 이유로 자연 상태에서 인간들은 화를 내지 않고도 서로에게 많은 폭력을 행할 수 있다. 반대로 사회 상태에서 인간들은 별것 아닌 것을 위해서도——코르네유의 《르 시드》의 이야기처럼——화를 낼 수 있다.

• 우선 정의는 복수를 억제하려고 시도한다는 점에서 복수와 구분된다. 물론 복수는 끊임없이 실행하려고 한다. 그러나 적어도 정의는 복수의 효과를 제한하는 데 사용된다. 복수는 그 끝없는 **연쇄고리**로 인하여 또 다른 복수를 만들어 낸다. 그것은 어느것도 제동을 걸 수 없을 것 같은 반복적인 메커니즘이다. 사람들은 피의 죄악에 대하여 또다시 피를 흘리게 함으로써 복수를 한다. 그러나 복수로 가해진 벌은 그 희생자에게 또 다른 피해로 여겨질 것이다. 희생자는 그 피해를 손해에 대한 정당한 대가로 체험하지 않는다. 갈등에 종지부를 찍기는커녕 갈등을 다시 시작하게 된다. 이와 같이 사람들은 **피할 수 없는 폭력의 연쇄**에 갇히게 된다.

복수는 보복적인 범죄로 사회 전체를 전염시키며 사회의 분열을 위협한다. 이러한 연쇄적인 반응은 정확하게 무엇이라고 지칭할 수 있는 기원을 가진 것도 아니다. 복수를 통해 벌하는 범죄 자체는 좀더 본원적인 범죄로 인식된다. 그러므로 복수 안에 있는 그 무엇도 복수의 실행을 멈추게 할 수 없을 것 같다.

• 정의는 복수를 대체할 수 있는 1차적 기능을 가진다. 고통은 언제나 가해진다. 하지만 그것을 해결하는 것은 개인이 아니라 법이다. 이러한 사실이 모든 것을 변화시킨다. 복수가 행해질 때는, 피해자 혹은 감정의 전염으로 인해 자신이 피해를 받았다고 느끼는 그 친척들 중 **한 사람에 의해서 형벌의 선택이 결정된다**. 그러므로 심판자와 당사자인 누군가에 의해서 형벌이 선포되는 이상, 그것이 진정한 정의의 원칙인지 알 수가 없다. 정의는 비인격적이

고 익명적인 방법으로 행해진다. 판사는 편들지 않으며 아주 공평하게 판결한다. 몽테스키외의 유명한 공식에 의거하면 판사는 '법의 말을 발음하는 입'에 불과하다. 갈등의 외부에 있으면서 우리는 판사가 이성의 소리만을 듣기를, 열정과 감정의 요정에게 빠지지 않기를 기대할 수 있다.

정의의 행동은 **제삼자**에 의해 실행되는데, 그는 피해자와 범죄자 두 편을 마주하고 서 있다. (복수의 경우에는 반대로 제삼자는 배제된다.) 그 결과 판사가 말한 처벌은 복수의 메커니즘을 중단시킨다. 판사가 스스로 법의 메아리로 만족하기를 바란다면 재판에 회부될 사람이 자신에게 행해진 운명에 대해서 누구에게 불평할 것인가? 사람들은 정의와 같은 추상적인 실체를 공격할 수는 없다.

원고에 대해서는 두 가지 상황이 제시될 수 있다. 만일 정의에 의해서 결정된 형벌이 자신이 기대했던 것에 상응한다고 생각한다면 복수는 소용없는 것이 된다. **복수가 되었다는 감정**이 정의의 판결을 통해서 느껴진다. 이러한 경우에 정의는 복수를 하지 않고서도 복수의 욕망을 충분히 만족시켜 준다. 그러나 엄밀히 말해서 범죄자는 복수를 당하는 것이 아니라 정의의 벌을 받는 것이다. 만일 반대로 원고가 기대한 판결을 얻지 못하는 경우에 정의의 힘은 그로 하여금 복수하지 않도록 충분히 설득하지 못한다.

따라서 정의는 적절하게 복수를 억제한다. 정의는 상호적인 폭력의 무한한 연쇄를 단절시키며, 복수는 법의 한도를 넘는 것이라고 선언함으로써 복수를 무효화시킨다. 인간 정의의 이름으로(지나치게 관용을 베푸는 것으로 보인다) 혹은 차원 높은 신적 정의의 이름으로 **법의 힘을 대신하고자** 주장하는, 다시 말해서 유일하게 진정한 정의를 대신하고자 주장하는 사람은 개인적인 복수를 하기 위한 단서를 찾는다. 어느 누구도 스스로 정의를 행사할 권리가 없다. 정의는 스스로 확립되며 행해진다. 정의를 자신의 이익에 따라 왜곡하고자 하는 사람은 불의한 인간이 된다.

2. 정당한 복수

• 이제 정의의 행위 혹은 복수의 행위에 관련되어 있는가에 따라서 달라지는 형벌 측정의 문제에 대해 살펴보아야 한다. 우리는 **동태복수법**(同態復讐法) 안에서 모든 복수가 보상의 원리에 따라 작동하는가를 보려는 경향이 있다. 벌은 범죄를 속죄하기 위한 목적이 있을 것이며, 범죄에 합당하게 부과될 것이다. 복수를 한다는 것은 평형을 회복하는 일, 따라서 받은 피해만큼 동일한 해를 입히는 것이다. '눈에는 눈, 이에는 이'는 완벽한 동태복수법이다. 이러한 원칙은 우리에게 잔인하고 피비린내나는 복수의 일면을 보여 준다.

이 원칙을 그 원래의 문맥에 놓고 보면(〈레위기〉 24장) 철학자 레비나스가 어려운 자유('동태복수법'이라는 명칭이 붙은 장을 보라)에서 말한 바와 같이, 우리는 다음과 같은 사실을 발견하게 될 것이다. 즉 "아무리 가벼운 벌이라 할지라도 법의 판결 없이 그 어떤 처벌도 가해져서는 안 된다는 사회의 질서 속에 그러한 원칙이 자리잡고 있다." 동태복수법은 복수를 부추기고 용이하게 하기는커녕 복수의 범위를 한정하는 것이다. 눈을 하나 **빼**면 사람들이 똑같은 방식으로 대응해야 한다는 것은 두려운 일이다. 그러나 그 법은 어느 누구도 **그 이상의 행위**, 즉 예를 들면 두 눈을 **빼**던가 좀더 극단적으로 죽일 수 없다는 사실을 의미한다. 이를 부러뜨린 경우, 그 부러뜨린 이의 개수만큼만 보복할 수 있다. 그러므로 동태복수법은 형벌의 힘이 증가되는 것을 금지한다. **동태복수법은 벌을 조장하지만 동시에 벌의 한계도 정해 준다.** 이것은 평등에 근거한 재판의 확립을 예고한다. 복수 그 자체는 받은 피해의 수준을 넘어서 벌이 부과되는 것을 배제할 수 없다. 왜냐하면 우리가 말한 바와 같이 복수는 객관적인 피해에 관련된 것이 아니고 받은 모욕과 관계 있기 때문이다.

형법은 법의 적용과 마찬가지로 **범죄와 형벌의 균형**을 추구한다. 이러한 문제에 관심을 가졌던 18세기의 저자들은 형벌의 분화라는 이념에 대단히 민감했다. 몽테스키외는 《법의 정신》의 한 장(6권 16장)에서 〈범죄와 형벌의 공정한 비례에 대하여〉라는 제목하에 이러한 문제에 전념하였는데, 다음과 같이 쓰고 있다. "대로에서 물건을 훔친 사람과 물건을 훔치고 살인한 사람에게 똑같은 형벌을 가하는 것은 우리들 사이에 있는 커다란 부조리이다." 이것은 결과적으로 무거운 죄와 가벼운 죄 사이의 구분을 축소시키는 것이다.

동시대에 베카리아*는 그의 유명한 저서인 《범죄와 형벌》에서 다음과 같이 말하고 있다. "만일 사회에 각기 다른 피해를 입힌 두 범죄자에게 똑같은 벌을 준다면, 그 어느것도 사람들로 하여금 그

---

* 베카리아(Beccaria)는 1764년 최초로 사형 폐지를 주장한 이탈리아 형법학자이다. "도대체 인간이 사람을 죽일 권리를 누구로부터 부여받았는가? 인간이 자기 자신을 죽일 권리가 없다면, 그러한 권리를 타인에게 양도할 수도 없다. 인간은 타인의 생명에 대해 아무런 합법적 권리도 가지고 있지 않다. 사형은 어떠한 권리에도 근거되어 있지 않다"고 주장했다.

두 범죄 중 더 중한 범죄를 하지 못하도록 막을 수 없을 것이다."
(6장) 따라서 법정에 의해 선포된 벌은 범죄의 경중과 조화를 이루어야 하며, 이것은 사회에 대한 피해 정도에 따라 좌우된다. 이러한 관점에서 볼 때 도둑질한 사람의 손을 자른다는 것은 아주 부적절하게 보인다.

더욱이 범죄와 형벌 사이의 균형은 반드시 정당하지만은 않은 엄격한 평등과 대립될 것이다. 이러한 의미에서 우리는 더 이상 동태복수법에 머물러 있을 수 없다. 왜냐하면 동태복수법은 잔인한 재판이며, 그 명령을 문자 그대로 따른다면 불공정한 법이 될 수도 있기 때문이다. 따라서 법정은 **고통**의 형벌을 **벌금**의 형벌로 대체하게 된다. 즉 형벌의 개념에 부인할 수 없는 진전이 있게 되었다.

레비나스 역시 동태복수법을 "'이에는 이'라는 법은 돈의 형벌, 즉 벌금형이다"라고 해석하는 데 주저하지 않는다. 어찌되었건 재판이 복수를 대신하게 되었다. 왜냐하면 재판은 고통받은 것과 똑같이 형벌이 집행될 필요는 없다는 사실을 확립해 주기 때문이다. 우리는 고통 그 자체가 아니더라도 다른 방식으로 빚을 갚을 수도 있다. 복수 정신은 폭력의 사상을 지니고 있다. 대개의 경우 복수는 피의 보상과 잔인성을 요구하는데, 바로 그 점에서 재판은 **가벼운 형벌**이 있다는 것을 인정해 준다.

마찬가지로 베카리아는 "범죄를 억제하는 가장 확실한 방법들 중의 하나는, 벌의 **엄격함**이 아니라 **실효성**이 있다는 사실이다"(27장)라고 강조한다. 이러한 사실은 베카리아와 여러 사람들이 이전의 다른 시대에나 속하는 고문(拷問)에 대해서 반박하는 글을 썼다는 사실을 설명해 준다. 사형 제도의 지지자들을 포함하여 사람들은 고통 없는 사형 집행을 옹호하였다. 혁명군들의 입장에서 보면 단두대는 불필요하고도 비인간적인 잔인함에서 벗어나게 해주는 재판의 이상적인 도구이다. 18세기 후반의 철학자들과 법률가들에게서도 우리는 체형에 반대하는 동일한 항의를 볼 수 있다. 구제도의 경우에나 있을 수 있었던 **복수가** 중요한 것이 아니라, **벌을 주는 것이** 중요하다. 형벌이 체벌 혹은 고문의 형태를 띠거나 대중의 구경거리가 된다면, 그것은 군주의 독단적인 판단의 결과인 보복적인 재판과 그렇게 먼 것이 아니다.

• 재판으로 받는 벌과 복수 사이의 현저한 다른 차이는 범죄와 벌을 연결해 주는 일시적인 관계에 있다. 복수하는 사람은 **범죄가 저질러진 후에** 벌의 본질을 결정한다. 그러므로 범죄자는 자신이 받아야 할 벌을 미리 알 수 없다. 따라서 잘못의 경중은 그가 받는 벌을 통해서 밝혀지며, 그것은 의심의 여지가 없다. 그러나 그 사건에 대해 완벽하게 인식할 수 없으므로 우리는 그 사람에게 잘못을 야기할 수도 있다.

재판의 경우는 다르다. 벌은 법에 의해 **미리** 정해져 있다. 중범죄와 경범죄는 엄하게 목록이 만들어져 있고, 거기에 상응하는 벌을 받게 되어 있다. 법이 없다면 범죄도 없고, 역시 형벌도 없을 것이다. 그러므로 법에 대해 무지하지 않은 범죄자라면 어떤 범법 행위를 함으로써 그가 당하게 될 일을 알고 있다. 법은 예측의 요소로 사용된다. 법은 강압적일 뿐 아니라 지시적으로도 이해될 수 있다. 지시적이라 함은, 법은 X라는 범죄가 Y라는 벌을 받을 것이라고 예고해 준다는 의미이다. 범죄자는 자신이 당하는 일에 대해 놀라지 않을 것이다. 재판이 법의 소급 효과를 금지하는 것은 바로 이러한 이유 때문이다. 어떤 범죄가 일단 벌을 받은 이후에는 다시 공포된 법에 의해 처벌되지 않는다는 것이다.

더구나 법은 형벌의 **불변성**을 결정한다. 그것은 개인에 따라서, 시대에 따라서, 판사에 따라서 바뀌지 않을 것이다.

마지막으로 법률에 대한 모든 해석을 회피함으로써 우리는 복수의 정신에 고유한 독선의 위험을 가능한 한 축소하게 될 것이다. 구제도가 끝나고 형벌의 시행이 기계화되면서 사람들은 재판의 불공정에 대해 예방하고자 한다. 법정은 **법의 문자**에 무조건적으로 복종한다. 모든 판사는 적용하는 데 만족해야 한다는 베카리아의 유명한 《삼단논법》이 그것을 증명하고 있다. "성년자는 일반적인 법을 지킬 것이고, 미성년자는 법에 순응하거나 그렇지 않을 것이다. 결론은 벌을 받거나 받지 않게 될 것이다."(4장) 판사는 법의 징신을 추구해서는 안 된다. 역시 마찬가지로 법은 어떤 사람을 지명하여 적용되는 것이 아니라 일반적인 행위에 대해 적용되는 것이다. 즉 처벌을 받는 것은 사람이 아니라 죄이다. 법적인 형벌은 **익명적으로 익명적인 존재**에게 행사된다. 하지만 복수는 완전히 **개인적**이다.

• 끝으로 법적인 처벌과 복수 행위를 구분하는 데 있어서 **절차**가 절대적으로 중요하다. 복수에 있어서 유죄 판결의 순간은 거의 존재하지 않는다. 중요한 것은 처벌의 시행일 뿐이다. 반대로 절차나 법정이 없는 재판은 존재하지 않는다. 군주나 백성 혹은 피해자 친척들의 우발적인 앙심으로부터 피고를 보호하기 위해서, 때로 아주 무겁기는 하지만 법이라는 무기가 필요하다. 재판의 기능을 억압하는 매우 심한 구속도 있다. 그리고 때때로 우리는 소송이 단순한 절차상의 결함 때문에 깨질 수 있다는 것에 동요된다. 그러나 그것은 복수하고자 하는 마음이 법적인 절차의 톱니바퀴에 스며들지 않도록 하기 위해 치러야 할 대가이다.

게다가 유죄 선고를 받은 사람은 변호사로부터 변호를 받아야 한다. 좋은 법정은 수준 높은 변호를 거친다. 변호가 확실히 보장되는 만큼 판결은 공정하게 된다.

소송에 따르는 판결이 인정되지 않는 경우, 즉 부당하다고 판단되는 경우도 있다. 즉 무고한 사람이 죄인으로 인정되는 경우도 있고, 형벌이 지나치게 과도한 경우도 있다. 하지만 **불의**를 비난한다 해도, 소송 절차가 보존되는 경우라면 **복수**에 대해 말하는 것은 문자 그대로 비굴한 일이다. 소송 절차가 재판의 전부는 아니다. 재판은 인간에게 중요한 여지를 남겨두고 있기에, 다시 말하면 오류와 약점이 있을 수 있다.

마지막으로 법적 기구는 정치 권력의 영향을 받지 않아야 한다. 피와 복수로 목마른 법정의 가장 큰 위험은 지배자로부터 오는 것임은 말할 것도 없다. 전제 군주제의 경우에 법은 전제 군주의 의지 표현일 뿐이다. 군주의 뜻에 완전히 헌신하는 법정은 사사로운 복수를 하면서 법을 가면으로 이용한다. 법률을 위반하는 것은 왕의 의지에 반대하는 것이며, 군주에 반항하는 일이 된다. 그렇기 때문에 평민들의 대부분에게 비인간적이고 야만적인 형벌이 별 탈 없이 가해질 수 있으며, 즉결 재판이 유리하다. 그리하여 우리는 다시 복수에 떨어지게 된다!

3. 법적인 형벌의 의미

• 지금까지 기술한 관대하지 않은 정의에 대한 모든 조건들이 겸비된다면, 우리가 문제를 해결할 수 있을까? 그렇지 않다. 왜냐

하면 우리가 아직 말하지 않은 것들을 결정하는 것은 다른 국면이기 때문이다. 그것은 **벌을 집행하는 의도**를 다루고 있다. 사회는 판사들로 하여금 사람에게 사형 선고를 내리게 하는데, 복수에 의하여 다른 사람을 살해한 개인에게도 똑같은 동기에 따라 그렇게 할 것인가?

여기에서 민법과 형법을 구분할 필요가 있다. 민법의 경우 법정은 피해자가 겪은 피해의 본질에 대해 재판을 한다. 마찬가지로 그 피해를 보상하기 위해 재판을 회부하는 쪽에서 요구할 만한 배상의 가치에 대해 판결한다. 그러나 법정은 양쪽 편의 외부에 머문다. 반대로 중범의 경우 형사 법정은 피해를 보상하려는 목적과는 무관한 형벌을 결정한다. 살인죄로 고소된 사람은 징역형을 선고받게 되는데, 이것은 희생자 가족의 입장에서 보면 아무런 손해 배상을 함축하지 않는다. 이러한 경우에 우리의 흥미를 끄는 유일한 것은 범죄자가 **사회 전체의 적으로 여겨진다**는 점이다. 특정 개인을 공격하는 것 같지만, 그 사회 구성원 중 하나를 **통해** 범죄자는 사회 전체를 건드리는 것이다. 베카리아는 이 점에 대해 다음과 같이 쓰고 있다. "범죄에 대한 유일한 척도는 국가에 끼친 잘못이다."(7장) 그러므로 우리는 재판이 결국 **복수**의 가장된 형태가 아니라면 **사회 집단**을 가장한 형태가 아닌가 다시 한 번 자문해 볼 수 있다.

재판에서 내리는 형벌은 우선 범죄자로 하여금 다시는 범죄를 저지르지 못하게 하려는 그 명백한 동기에 의해서 설명이 된다. 법정의 기본적인 역할들 중 하나는 사람들의 안전을 보장하는 것이다. 법정은 이러한 목적을 위해 징역형에 의지할 수 있다. 그러나 사실상 처벌보다 더 확실한 방법이 있어야 한다. 투옥, 궁극적으로는 사형을 통해 사회는 고통과 무질서의 온상이 되는 요소들을 중화시킨다고 생각한다.

• 만일 벌의 처벌 기능에 대해 숙고해 본다면, 우리는 일반적으로 벌은 범죄자를 **징계하고** 다른 사람들로 하여금 또 다른 범죄를 **저지르지 않도록 하는** 목적을 가지고 있다고 생각하게 된다. 이 두 가지 사항에 대해 하나씩 생각해 보도록 하자.

초기에 법정은 범죄자를 바른길로 인도하는 것이 자신의 임무라고 자처했다. 그래서 고통을 받게 하는 것보다는 범죄자를 선도할 수 있도록 벌을 내리는 것을 중요하게 여겼다. 이러한 의도 뒤에는 범법자도 사회 조직 안에 복귀될 수 있고, 또 그래야만 한다는 사상이 나타난다. 그러므로 단도직입적으로 징계 기록을 거론하게 된다. 법률 체계는 범죄자를 교정하고자, 말하자면 범죄자를 훈련시키고자 한다. 푸코는 《감시와 처벌》(3권 2장)에서 이러한 결과를 지향하는 규율들에 대해 길게 설명하고 있다. 푸코에 따르면 처벌은 '표준화시키는' 작업이다.

범죄자의 행실을 고치는 것이 문제된다면 그것은 그 자신을 위해서 범죄자를 원래의 자신보다 더 낮게 만드는 일일까? 그것은 의심스럽다. 왜냐하면 어느 누구도 이러한 벌을 받는 것이 좋은 일이라고 평가하지 않기 때문이다. 칸트가 《실천 이성 비판》의 주요한 구절 속에서 언급한 것처럼(정리 6, 주석 2) 인간은 벌의 개념과 행복의 개념을 서로 연결지을 수 없다. 벌은 인간의 행복과 양립할 수 없는 고통을 전제로 한다.

그러므로 처벌은 범죄자의 **사회적·도덕적 본성**을 개선시키는 것을 목적으로 한다. 그러나 우리는 벌이 한 인간의 도덕적 감정에 대해 행사되는 것을 보았던가? 감금하고 규율로 다스린다고 해서 범죄자의 심층 자아가 개선되는 것은 아니다. 10년 동안의 감옥 생활이 인간을 더 좋게 만들어 주지 않는다. 그 감옥 생활은 그로 하여금 죄의 결과에 대해 공포심을 갖도록 하여 다시 죄를 짓지 않도록 할 수는 있다. 어떠한 기계적인 행동도 인간을 선한 쪽으로 돌아서도록 만들 수는 없을 것이다. 범죄자 편에서 몇 가지 초보적인 조치가 필요하다. 후회와 뉘우침의 감정에 대해 민감해야만 한다. 이렇게 되어야만 범죄자는 형벌 덕분에 자기의 잘못을 인식할 가능성이 있다. 벌은 죄인을 악에서 구해 낼 수 없고, 이미 준비된 영혼만을 가르칠 수 있을 뿐이다. 범죄자의 대다수에게 있어서 형벌은 정반대의 효과를 만들 위험이 있다. 즉 말하자면 벌은 마음을 무디게 하여 모든 도덕적인 감정이 스며들 수 없을 정도로 무감각하게 만들 수도 있다.

또한 벌에는 범죄를 단념시키는 기능이 있음도 인정해야 한다. 물론 오랜 기간 동안 무서운 벌을 받은 사람은 다시는 그러한 범죄를 저지르지 않는 경향이 있다는 것은 사실이다. 그러나 벌의 효력이 더 이상 느껴지지 않을 때, 정신이 그것을 잊게 되면 그 무엇도 재범을 막을 수가 없다. 시민 사회로 복귀했을 때 예전의 범죄자는 현재만을 볼 것이며, 범죄가 주는 눈앞의 이익 때문에 앞으로 받을 벌의 공포를 잊게 된다.

범죄를 저지르지 않은 사람들에게 형벌은 **본보기**의 성격을 지닌다. 이러한 효과를 위해 법정은 벌의 공포를 불러일으키고, 그 공포심은 형벌의 잔인성보다는 벌이 집행되는 데 예외가 없다는 사실에 의해 더욱 증폭된다. 형벌은 정확한 기준보다 덜 엄격하게 시행되어야만 한다. 이러한 이유로 베카리아는 자신이 보기에 부당하게 여겨지는 사형 제도의 억제 효과에 대해 반박한다.

• 인간의 본성을 개선시키고 싶든가, 아니면 인간으로 하여금 나쁜 짓을 하지 못하도록 하고 싶은 이러한 두 경우에 있어서, **우리는 공정한 것보다는 유용성을 목표로 한다.** 벌을 유용한 것으로 볼 수 있다. 그러나 소위 정의의 행동을 만드는 것은 벌이 아니다.

모든 생각과는 별도로, 법 자체를 위반하는 일이 벌을 예상케 한다는 사실을 알아야 한다. 악은 법을 어긴 행위보다는 덜 중요하다. 법 개념 자체는 외적인 주체가 법과 경쟁하는 것을 인정하지 않는다. 법을 어기는 사람은 현행법 이외에 다른 법을 암시적으로 상정하고 있는 것이다. 그러므로 벌을 받음으로써 법을 위반하는 행위가 무효화되고, 그것은 법을 확실하게 재확립한다. 위반은 법을 부정하는 행위이며, 벌은 이러한 부정을 부인하는 것이다. 이러한 일은 법 자체가 벌을 내포하고 있다는 사실을 설명해 준다. 헤겔은 《법철학의 원리들》(§220)에서 이러한 내용을 다음과 같은 용어들로 해석해 준다. "이러한 화해는 법과 법의 화해이다. 왜냐하면 범죄를 억제함으로써 법은 법을 다시 확립하고, 이렇게 해서 법의 타당성을 회복하기 때문이다." 우리는 이와 똑같은 개념을 칸트의 《법해석》에서 발견한다.(두번째 부분, E, §49 참고) 즉 **벌이란 무엇보다도 법에서 기인된 것이다**라는 사실이다. "법적인 형벌은 범죄자 자신에게나 사회에 대해서 단순하게 다른 선을 실현하는 방법으로 여겨질 수 없다. 그러나 단지 범죄자가 죄를 저질렀다는 한 가지 이유만으로 벌이 집행되어야 하는 것이다."

이러한 사상으로부터 모순되는 결론이 도출된다. 말하자면 범죄자는 그에게 내려지는 형벌에 대해 동의해야만 한다는 것이다. 사실상 사회의 구성원인 각 시민은 자신이 법을 어겼을 경우에 법이 규정한 형벌을 감수하겠다고 받아들인다. 이것은 반드시 사회

계약에서 유래한다. 이와 같이 재판이 행해질 때 재판은 범죄자의 소송을 통합한다. 범죄를 금하는 법에 동의한다는 것은 자신이나 다른 사람이 그 법을 어길시에 벌을 받을 것에도 동의하는 것이다. 형벌을 받는 사람은 완전한 권리를 지닌 시민으로 인정된다. 왜냐하면 사람들은 사회 집단의 법에 순종하는 것이 그의 의지였다는 사실에 따라 그를 다루기 때문이다. 헤겔은 이러한 입장을 다음과 같은 공식으로 요약했는데, 즉 "범죄자를 벌함으로써 우리는 범죄자를 이성적인 존재로 존중하는 것이다."(《법철학의 원리들》, §100) 재판의 형벌을 정당화하기 위해 사람들이 내세우는 다른 동기는 인간을 해로운 짐승으로 환원시킨다. 만일 형벌이 유용성만을 목적으로 한다면(사회의 보호, 범죄를 단념시키는 것, 혹은 벌금을 무는 것), 형벌은 재판의 소위 인간적인 차원을 부인하는 것이다. 재판은 그 자체를 위해 원해져야 하며, 재판을 뒷받침해 주는 형벌 역시 마찬가지이다. **게다가** 우리들이 벌로부터 몇 가지 유용성을 도출해 낸다는 사실도 배제할 수 없다.

그러므로 형벌의 심오한 의미를 망각하게 될 때, 모든 정의는 복수 정신에 의해 위협받게 된다. 형벌이 유용하기만 하다면 그것은 이해 관계에 사용될 것이고, 반드시 복수의 감정에 돌파구를 열게 될 것이다. 모든 복수는 이해 관계와 관련 있고, 따라서 재판은 스스로 완전히 정당화되어야 한다.

제도적인 재판은 복수가 법에서 벗어난다고 비난함으로써 사적인 복수를 억제한다. 현대의 민주 사회에서는 법정에서 조심스럽게 수반되는 법적인 절차가 왕의 복수 의식을 대치한다. 사법권과 다른 권력의 분리는 역시 확실한 진전이다.

하지만 우리는 재판과 복수 사이에 어떤 공모가 있을 수 있다는 위험을 전혀 배제할 수 없다. 재판은 두 가지 의미에서 복수를 지니고 있다. 재판이 **복수를 제지한다**는 의미와 재판이 복수의 가능성으로서 **복수를 희석시킨다**는 의미에서 그러하다. 사실상 위기는 오늘날 우리가 형벌에 부여하는 의미에 집중되어 있다. 왜 용서하거나 잊지 않고 벌을 주는가? 용서는 도덕적인 의미만을 가지며, 망각의 경우 법정은 사면과 시효의 경우를 인정하고 있다. 벌은 죄에 상응될 때에만 정당하다. 따라서 벌은 그 자체로 정당화된다. 이러한 국면을 무시하는 모든 설명은 사람들이 원하든 원치 않든 간에 복수의 형태에 호소하는 것이다. 왜냐하면 가장 작은 이해 관계라도 섞이는 날에는 법정은 부패하기 때문이다. 그러한 이유 때문에 복수하다(-venger)라는 동사는 대개 대명동사의 형태——on se venge/**서로 복수하다, 자신에 대해 복수하다**——로 쓰인다.

벌을 내리는 재판은 피고에 대해 어떠한 모욕적인 특성을 가져서는 안 된다. 형벌은 인간을 짓누르고 깔아뭉개기 위한 목적을 가진 것이 아니다. 형벌은 죄를 벌하는 것이다. 그러므로 인간이 사회로 **복귀**하여 사회 단체 속에서 다시 시민으로 살아갈 수 있도록 하는 여지가 마련되는 것을 전제로 한다.

【참고 사항】

서론에서부터 **형법의** 영역에 대한 토론이 있어야 하는데, 형법은 (법정의) 형벌에 의하여 행위로 표현된다.

따라서 재판과 복수는 서로 배타적이라는 사실을 보여 주는 것만으로는 재판과 복수를 비교하는 주제에 불충분하다. 여기에 대한 분석이 행해져야만 한다. 재판과 복수를 구분하는 모든 요소들, 즉 중립, 제삼자의 존재, 죄에 대한 형벌의 비율, 절차의 역할 등을 검토해야만 한다. 그러나 재판이 복수가 될 수 있다는 가능성에 대해서 문제가 제기된다. '위험이 없을까?' 라는 질문은 이 주제를 극적으로 구분해 준다.

재판이 중립적인 한 복수는 복수의 목소리로 표현될 수 없을 것이다. 반대로 권력이 재판에 영향을 미치게 될 때, 만일 왕자가 신하 중 한 사람에게 상처를 입으면 복수하는 것이 가능해진다. 왜냐하면 나라의 법정이 왕자의 자의적이고 개인적인 결정에 따라 움직이기 때문이다. 그러므로 다른 권력에 비해서 법정의 독립성을 존중하는 **공화 제도의 경우 이러한 문제는 해결된 것** 같다.

그러나 그러한 제도에 대해 문제가 제기될 때 토론은 다시 시작된다. 이것은 사회가 벌을 부과하는 동기들에 대해 자세히 질문하는 것을 의미한다. 법정이 **정의 자체**보다 다른 이유들에 의해서, 예를 들면 안전 · 억제 · 교정을 환기시키면서 형벌을 정당화시키려고 시도할 때마다 법정은 위협받고 있다는 사실을 보여 주는 것이 중요하다.

III

국가의 문제

Politique는 양성적인 언어이다. 여성인 La politique(정치학/정책)는 결정에 의해 방향이 설정된 실행이다. 남성인 Le politique(정치가/정치)는 정책이 실행되는 제도적이거나 법적인 공간을 지칭한다. 정치의 영역은 정부의 실체와 완전히 혼동된다. polis의 내부에만, 다시 말해서 오늘날 우리가 국가라고 부르는 것 안에만 정치의 존재가 있다.

정치적 행위는 다양한 형태를 취할 수 있다. 그러나 어떤 경우에도 그것은 정치적 기술의 장악에 근거한다. 정치적 행위는 도시 국가에 개입하던 행위자들의 행동과 판단에서 기인된다. 다른 모든 것은 법률들의 혼란으로 구성되지만 조화롭게 그것들을 통합하는 합리적인 조직 구조 안에서 유지된다.

이러한 사실로 미루어 보건대 인간은 국가의 세력에서 빠져나갈 수 없다. 하지만 국가 체계의 틀 안에 있는 우리의 행동들이 모두 정치적인 성질을 띠고 있는 것은 아니다. 종교를 예배하는 것, 친선 관계나 이해 관계를 맺는 것, 아이들을 양육하는 행위들은 비정치적인 계열에 속한다. 하지만 우리는 국가 안에서 정치가 매우 관심을 가지고 있는 것에 언제나 도달하지는 못한다. 모든 것은 사회라는 삶의 도가니 속에서 부차별하게 섞이고 통합되는 것 같다. 그러므로 정치에 **자율성**을 부여하는 것이 중요하다. 그렇게 함으로써 정치를 위협하는 해체 세력으로부터 정치를 보호해야 한다.

이렇게 하기 위해서 우리는 정치의 영역에서 **경제**와 **윤리**를 배제시켜야 할 것이다.

첫번째로(이것은 국가를 유기체로 생각할 수 있는가?라는 주제 1에서 자세히 다루게 될 것이다), 국가와 사회의 이분법에 대해 질문해야 한다. 정치는 역사적 공동체 안에 그 기원을 가지고 있다. 경제적 이해 관계 속에서 인간들은 교환에 의해 이루어지고, 오로지 필요에 의해 움직이는 외적인 사회만을 만나게 된다. 그러나 본래의 중요성을 지니고 있는 경제의 역할을 축소하려는 것은 말도 안되는 일이다. 경제는 인간과 자연의 관계를 아주 잘 표현해 준다. 노동에 의해서 인간은 자연에 대한 인간의 지배권을 느끼고 자신의 생활 필수품을 공급한다. 그 외에도 일의 합리화는 사회의 응집력과 인간 기능의 발달에 유익하다.

그러나 우익 국가를 경제 기구로서의 사회로 환원시키는 행위는 정치의 파멸을 초래할 것이다. 이러한 일을 **경제주의(경제주체론)**이라고 부른다. 국가의 쇠퇴를 권장하는 모든 사람들은 이러한 이데올로기에 찬동하는 셈이다. 국가는 복지를 목표로 하지 않고, '안락한 생활'을 목표로 한다. 그러므로 고전에서 차용한 '안락한 생활'이라는 표현은 정의에 순응하여 사는 것을 의미한다.

정치는 윤리와도 분리되어야 한다. 근대 서구 민주주의의 특징인 다문화주의의 시초에 각 사람은 다른 기원에 뿌리를 둔 가치들을 요구하였다. 어떤 하나의 윤리가 국민의 정신 상태를 지배한다고 말할 수 없게 되었다. 기독교·종교 개혁·계몽주의들이 유럽 민주주의의 가치에 영향을 미쳤다는 것은 부인할 수 없는 사실이다. 그러나 정치적인 국가, 공화정은 상반되는 교리들 사이에서 양립할 수 있을 만한 보편적인 정치적 가치들에 근거한다. 각 교리에 공통되는 원리들을 묶어서 민주적인 합의가 이루어진다. 게다가 그것은 관용의 개념을 확립해 준다. 모든 윤리와 종교적 신앙은, 그것들이 그 공존에 대한 **정치 원칙들**을 다시 문제삼지 않는다면 모두 다 인정된다. 만일 정치가 윤리와 부합한다면 국가의 내부에서 일어날 수 있는 분쟁도 없을 것이고, 갈등들 사이에서 생겨날 수 있는 협상도 없을 것이다. 시민들이 일사불란하게 찬동하게 될 단 하나의 원칙만이 남게 될 것이다.

하지만 정치의 영역은 윤리와의 관계에서 완전히 자유로울 수는 없다. 윤리를 망각하게 되면 정치는 정치적 리얼리즘을 수반하는 견유주의 안에 빠지고 말 것이다. 이 점에 대해서는 주제 2(국시란 무엇인가?)에서 다루고 있다. 그 윤리는 이상적인 규칙들의 총체를 통하여 예견된다. 이러한 이유로 정치는 좋은 의도라는 성채에 감금될 수도 있는 이상을 거부한다. 정치는 본질상 행동의 차원이며, 거기에서 경계하는 윤리는 손을 더럽힐까 하는 공포로 인해 모면하기를 더 좋아한다. 모든 행위는 폭력의 일부를 내포하고 있는데, 정치는 그것을 감추려고 하지 않으며 폭력에 대해서도 창피하게 여기지 않는다. 말하자면 **제도화된 폭력**만이 정치를 비도덕주의라는 비난으로부터 구원해 줄 수 있다. 하지만 정치가 도덕으로부터 완전히 해방된다면, 정치는 자멸할 것이다.

그러므로 국가는 인간이 인간을 지배하는 도구가 된다. 국가는 **합법적인 폭력**을 독점한다. 무엇이 인간들에게 가해지는 이러한 폭력에 합법성을 부여하는가? 그것은 일상의 폭력과 같은 성질의 것인가? 이러한 문제에 대한 답변들이 주제 3(국가가 자유를 억압하는가?)에서 다루어진다.

이 점에 대하여 폭군의 힘을 위임받은 사람들이 행사하는 폭력에 의한 강제와 그 권위와 힘이 주권자인 국민의 의지에서 나온 정부의 권력을 혼동해서는 안 된다. 정부는 우리의 자유를 구속하는 듯 보이지만 실상은 우리의 자유를 보호하는 것이다. 우리의 자유를 보장하는 것은 국가뿐이다. 그러한 국가는 **법치국가**뿐이라는 것을 잘 이해한다는 조건에서 그러하다.

하지만 국가로부터 예상되는 모든 위험에 대해 대비해야만 한다. 국가는 재판에 의해 인간의 자유를 고려함으로써 권리를 감시한다. 국가가 사람들의 행복을 실현시켜 주는가? 개인은 국가의 삶에 적극적으로 참여함으로써만 국가와의 관계에서 자신의 자율성을 보존할 수 있다. 신체가 없는 국가의 선견지명에 그대로 따름으로써 자신의 정치적 의무를 점차적으로 포기하는 시민은 교활하고도 위험한 **전제주의의 새로운 형태**를 출현시키는 데 일조하는 사람이다.

국가는 인간 권리를 그 관심의 중심에 놓을 때에만 합법성을 가진다. 그럼으로써 우리는 국가보다 개인에게 우선권을 부여하게 될 것이다. 국가를 신격화하고자 하는 조바심은 우리의 근대 민주 사회를 번민하게 만든다. 그러므로 개인주의의 시대에 새로운 신으로 승진한 개인은 정치에 참여하는 것으로부터 벗어나고자 하면서도 국가-섭리의 호의적인 행동에 자신의 모든 희망을 걸게 되는 애매한 상황에서 살고 있다. 이러한 요점 역시 주제 3에서 다루어지게 될 것이다.

주제 1 국가를 유기체로 생각할 수 있는가?

국가는 국가를 구성하고 있는 구성원들과 **혼동되고** 있다. 국가는 사람들 사이의 연합으로부터 생겨난다. 그러나 **사람들이 국가의 일부**가 되어갈수록, 국가는 그 구성 요소인 사람들을 초월하는 실체를 가지게 된다. 국가는 국민들에 의해서만 존재한다. 그러나 국민들이 보기에 독립을 획득한 것으로 보인다.

그러므로 국가의 애매성이 생겨나는데, 국가의 통합은 각 부분의 단순한 합계를 넘어서는 것 같다. 국가의 이러한 표면적인 특성은 전체성의 개념과 완벽하게 일치한다.

우리가 지금 이러한 실체의 본질을 이해하고자 해도, 그것은 너무나 복잡해서 이와 비슷한 모델에 대해 추론해 볼 수 있을 뿐이다. 우리는 전체성에 대해 두 가지만을 알고 있다. **유기적인** 전체성인가, 아니면 **조작된** 전체성인가이다. 그러므로 우리는 국가가 살아 있는 존재와 비슷한가, 회중시계와 비슷한가에 대해 질문할 수 있다.

설명적인 모델에 의존하려는 관심은 이중적이다. 그 하나는 국가의 구조와 기능에 대해 심화된 분석을 제공하는 것이다. 그러므로 기술적(記述的)인 조사가 이루어진다. 그것은 비교 방법을 통해 연구 대상에 대한 이해를 증진시키는 데 목적이 있다. 그러므로 우리는 국가가 무엇인가에 대한 이해가 유기체와 비교하는 것을 통해 더욱 분명해지는지 자문하게 된다. 다른 한편으로 모델의 선택은 명목적이기를 바라는 것이 분명하다. 그것을 유기체라고 생각해야 하는 어떤 형태의 국가가 주어져야 하는가? 사람들이 유기체 혹은 기계에 비교하는 데 따라서 어떠한 국가의 모습이 나타나게 될 것인가?

그러므로 이미지와 메타포를 선택하는 일은 무관하지 않다. 우리의 질문은 국가가 비유적으로 유기체로 생각될 수 있느냐는 것, 국가가 완벽에 도달한 것이 바로 이러한 형태인가 하는 것을 암시적으로 전제한다. 그러나 만일 국가가 유기체라면 그 구조를 바꾸고자 하는 것은 모순이 아닐까? 이론상으로 유기체는 자율적이다. 그러므로 국가를 그대로 놔두어야 할 것이며, 그 본질을 신뢰해야 할 것이다. 메타포의 역할을 잘 드러내려고 애써서 표현하는 한, 그 반대는 별로 무게를 가지지 못한다. 왜냐하면 **유기체로서** 국가는 엄밀하게 하나가 아니기 때문이다. 비유된 의미에서 원래의 의미에 이르기까지 한 발자국의 거리밖에 안 된다. 어떤 저자들은 그것을 넘어가기를 두려워한다. 그리고 우리는 국가를 단순하게 보통보다 좀더 큰 유기체로 여긴다.

유기체라는 비유는 국가의 **기능**과 관계가 있다. 또한 그 기본 원리를 드러내는 **기원**과 특히 관련 있다. 그래서 **유기체**(organisme)와 **조직**(organisation) 사이에서 선택해야만 한다. 만약 국가가 조직이라면 그것은 인간의 의지에서 나온 것이다. 만일 국가가 유기체로 발전되어 간다면 우리는 그것의 발전에 구경꾼으로서만 참가할 수 있을 뿐이다.

이미지의 선택 뒤에는 **사회의 선택**을 해야 하는 필연성이 좀더 심각하게 나타난다.

1. 국가의 기능 조직(단위)

• 우리가 국가에 대해 말하기 전에 수많은 사람들의 집합인 사회가 만들어졌다. 그러므로 개인들의 자율적인 존재와 양립할 수 있는 개인들간의 **상호 의존성**의 원리를 이해하기 위해서는 사회를 유기체에 비교하는 것이 보통이다. 각기 스스로 작용하는 세포들이 유기체의 일반적인 기능에 참여하는 것과 마찬가지이다. 인간 사회도 부분들 사이의 뒤얽힘, 부분이 전체에 종속되는 것 등 유기체와 같은 특성을 보인다. 그러나 베르그송이 쓴 것처럼 "비교만 있을 뿐이다. 왜냐하면 하나는 필연적인 법에 순응하는 유기체이고, 다른 하나는 자유 의지에 의해 구성된 사회이기 때문이다."(《도덕과 종교의 두 원천》, 제1장) 유기체에서 사회에 이르기까지 유지된 것은 전체가 부분들을 보존하고, 이번에는 부분들이 전체에게 양분을 공급하는 상호적인 과정이다. 사회가 그 구성원들에게 주는 것을 사회는 그들로부터 다시 받는다. 라 퐁텐은 이미 사지와 위장이라는 우화 속에서 이러한 순환을 묘사한 바 있다.

인간 사회는 벌집 혹은 개미집과 비슷하다. 각자는 자신의 재능과 적성에 따라 정확한 위치를 차지하고 있다. 중요한 사실은 개인이 혼자서 자신의 필요 전체를 공급할 수 없다는 것이다. 어느 누구도 스스로 충족될 수 없다. 그러므로 땅을 경작하는 데 드는 시간이 옷을 만드는 데 사용될 수 없다. 마찬가지로 두 가지 일을 하는 데서 얻어진 능력이 서로 다르다. 그러므로 사람이 경쟁력을 갖기 위해서는 한 가지 일에만 전념하는 것이 더 바람직한 것 같다.

따라서 소위 분업보다도 **기능의 분리 혹은 전문화**가 생겨나게 된다. 이러한 직업의 분배는 개인의 천부적인 적성과도 관계가 있다. 이것은 경제적인 효율을 높이기 위해 고안된 **합리적인 조직화의 결과가 아니다.** 유기체의 경우처럼 각 구성원은 다른 구성원에게 자기 작업의 특산물을 가져다 준다. 모든 주체자들은 상호적으로 서로를 필요로 한다.

이러한 관점에서 유기적인 모델은 전체에 속해 있으면서도 어느 한 부분에 고정되지 않은 권력의 원리를 가장 잘 보여 준다. **사회는 스스로 기능한다.** 또한 사회는 스스로 조절한다. 이것은 사회의 움직임을 지휘하는 외적인 권위가 존재하지 않음을 전제로 한다.

마지막으로 사회는 기능 장애에 이르는 경우도 있다. 상대적으로 살아 있는 것에만 병이 있는 법이다. 기계는 고장이 나고 깨질 수도 있다. 그러나 기계는 병들지 않는다. 일반적으로 우리는 일부러 아프지 않으며, 좋은 건강을 유지하기 위해 최선을 다한다. 그리므로 돌발적으로 생긴 **사회의 병**이 유기적인 본질을 가지고 있다면, 우리는 그것을 어느 누구의 책임으로 돌릴 수 없을 것이다. 사회를 흔드는 위기와 경련은 사물의 본질로 설명이 된다. 유기체가 스스로 건강을 회복하도록 기다려야만 하며, 사회의 어느 누구도 이러한 회복에 공을 세웠다고 주장할 권리가 없다.

• 만일 우리가 정치적인 국가의 차원에 놓여 있다면, 항상 그 기능을 살펴보고 있다면, 우리는 유기체라는 비유의 이미지가 좀 더 자세하게 생체의 이미지로, 즉 **단순하게 세포가 아니라 기관들이 갖추어진 생체 이미지로 대체되는 것을 알 수 있을 것이다.**

예를 들면 루소에게는《사회계약론》, 3권 2장) 입법권이 국가의 심장과 동일시되는데, 다시 말하면 입법권이 국가의 생명이라는 것이다. 행정권은 뇌에 비유되는데, 그것은 뇌가 행동을 지배한다는 것을 의미한다. 《리바이어던》의 처음 문장에서 홉스는 이와 비슷한 비유를 들었는데, 그 세부는 훨씬 더 자세하다. 우리는 국가에서 관절·신경·기억·의지·이성 등에 해당하는 것이 무엇인지 알아보아야 한다.

마지막으로 몽테스키외의 경우 삼권분립 이론은 인간의 신체와 사회 단체 사이의 비유 작업 결과로 이해될 수 있다. 몽테스키외는 우리에게 이러한 비유의 기능을 가장 잘 이해하도록 해주었는데, 현실적으로는 씌어진 바와 같이 삼권분립——입법부·행정부·사법부——보다는 권력의 결합이 더 성행하고 있다.(《몽테스키외, 정치 그리고 역사》, 알튀세) 각 권력은 다른 권력을 견제하려는 목적을 가지고 있다. 이와 같이 권력들간에는 일종의 관계가 형성되는데, 이 관계가 유기적 통합체를 규정한다.

사회 단체의 기능이 가장 좋은 체제의 국가 안에서 어떤 형상에 상응하는지를 찾아보는 것이 비유의 유익한 기능이다. 인간의 신체는 **움직일 때 개입하는 기능들이 완벽하게 조정되어 있을 때** 더욱더 잘 움직인다. 정치 단체에 대해서도 같은 결과를 얻게 될 것이다.

유기체라는 이미지는 세포들 사이에 퍼져 있는 힘을 희석시키는 효과가 있다. 사회 단체에 대해 말하는 것은 반대로 **당국**의 국재화(위치 결정)와 궁극적으로 권위의 분할이 존재한다는 것을 의미한다. 그것이 바로 **국가** 안에서 우리가 목격하는 것이다. 기관이 신체에게 움직이라고 명령하는 것과 마찬가지로 권력은 사회에게 명령한다. 유기체 안에서 움직임은 정확한 기원을 가지지 않는다. 어느 세포도 다른 세포보다 더 많은 움직임의 요인을 가지고 있지 않다. 유기체는 스스로 움직인다. 그 반면에 신체에서는 어떤 운동 기능을 고유한 기관이 담당할 수 있다. 국가에도 생체 기관들이 존재한다. 만일 심장이 멎는다면 사회 단체도 분해되고 와해될 것이다.

그러나 가장 중요한 것은 **무엇이 명령하는가, 내부의 명령**인가 하는 사실에서 기인한다. 심장 혹은 뇌, 거기에는 **신체의 일부이기는 하지만** 신체에 명령하는 특별한 기능을 가진 특별한 기관들이 있다. 국가의 내부에는 외부에 있지 않으면서도 사회의 기능과는 **구분되는** 권위들이 출현하게 된다.

• 사회 집단의 패러다임은 공화국의 구조와 기능을 알 수 있게 해준다. 반대로 독재 국가는 단순한 기계를 비유로 표현하는 것이 더 분명할 것이다. 이 점에 대해서 칸트는 맷돌을 상징으로 들었는데, 그 과정이 '완벽한 절대 의지'에 의해 다스려지는 국가의 상황을 환기시킨다.(《판단력 비판》, §59)

기계의 패러다임은 움직임의 기원이 되는 용수철의 존재에 대해 우리의 관심을 끈다. 용수철에서 시작하여 기계는 다른 구성 성분으로 서로 소통하게 된다. **마찬가지로 폭군은 국가의 밖에 있다.** 사회 단체의 중심이 된 이후로 목숨을 아끼지 않는 심장과 비교될 만한 것을 더 이상 가지고 있지 않다.

몽테스키외는 계속해서 전제 정부를 묘사하면서(《법의 정신》, 3권 10장) 신체적 혹은 기계적인 이미지들에 호소하고 있다. 군주의 의지는 반드시 효력을 지녀야만 하며, 모든 중재는 거부된다. 폭군은 감속되며, 직접적으로 말하자면 가장 멀리 떨어진 부분들에 영향을 미친다. 토의도 없고, 대화도 없다. 시간은 거의 기계적으로 전달되는 결정의 순간으로 축소된다. 마치 **한 요소에서 다양한 극단으로 즉각 퍼져나가는 움직임**과 같다.

마찬가지로 독재 정부의 원칙(3권 2장), 즉 정부를 움직이게 하는 공포는 양심을 기계적인 필연성으로 환원시키는 것으로 생각되어야 한다. 공포와 양심의 관계는 충격과 신체의 관계와 같다.

간단히 말해서 독재 국가는 생체와 조금도 닮지 않았다. 오히려 잘 만들어진 기계와 비슷한데, 그것은 외부 선동자의 자의적인 의지에서 그 원동력을 끌어낸다.

그러므로 우리는 유기적인 설명과 기계적인 설명 사이의 분할선을 실제로 더 이상 볼 수 없는 것이 사실이다. **이 두 경우에서 우리는 정치의 소멸을 목격할 뿐이다.** 사실상 사회가 유기체처럼 기능한다면 정치적인 권력이 필요 없다. 왜냐하면 교환의 소용돌이에 사로잡힌 개인들 스스로가 전체의 움직임에 적응하기 때문이다. 만일 다른 극단으로 인간들과 폭군 사이에 권력의 기계적인 관계만 존재한다면, 소위 물리적인 힘이 정치적인 권력을 대신하게 된다.

유기적 모델의 독창성은 **정태적인** 관점보다는 **역동적인** 관점에서 찾아져야만 한다. 그리고 사실상 우리 모두는 유기체가 기계와 같은 방식으로 형성되지 않는다는 것을 알고 있다. 진화가 제작은 아닌 것이다. 우리는 국가 혹은 사회의 **기능**에 대한 문제 대신 **기원**에 관한 문제를 다루고 있다.

2. 사회의 생성

• 우리가 말한 대로 사회가 질서를 내세우기 때문에 우리는 이러한 질서가 인간들의 의지의 결과라고 믿기가 쉽다. 그러므로 사

회는 인간 동화(생성)의 산물이라고 생각된다. 우리는 사회에 대해서 합리적인 구조의 용어로 말하게 될 것이다. 이러한 경우 사회는 조직이다.

그러나 지성에서 생겨나지 않은 질서의 구조도 존재한다. 이러한 관점에서 살아 있는 유기체는 **자연적 질서**의 출현에 대한 가장 좋은 예가 된다. 우리는 어떤 질서에서 특별한 목표를 지향하는 것만을 보기 원하는 공통된 편견의 희생자들이다. 그러므로 사회는 특별한 차원에서 정확한 의도에 순종하는 것 같다.

따라서 우리는 반대로 사회가 유기체와 아주 비슷하다는 것, 그러므로 사회는 원해지지도 인식되지도 않는 **자발적인 질서**를 따른다는 것을 보여 줄 수 있다. 사회는 누가 일부러 결정하지 않아도 스스로 조직된다.

스스로 조직되는 과정을 환기하면서 우리는 유기체의 개념에서 단순한 이미지를 보는 것이 타당한가 자문해 볼 수 있다. 사회의 질서가 자연의 질서와 똑같을 수는 없지만, 그렇다고 해서 인위적인 질서도 아니다. 말하자면 그 중간쯤이다. 그것은 유기체처럼 태어나고 발전해 가지만 동시에 지성과도 관계가 있다. **그러므로 생명의 진화와 사회의 생성 사이에는 일종의 연속성이 있다.** 이와 같이 생명은 가장 단순한 유기체로부터 인간, 그리고 그 완성인 사회와 서로 소통된다. 사회의 발전은 어떻게 보면 생명의 발전을 연장하게 될 것이다.

결국 사회를 진화 질서의 산물로 여기는 것은 놀랄 일이 전혀 아니다. 사회의 언어가 그 놀라운 예이다. 그 언어들은 스스로 생겨나서 자연적으로 진전하여 고유한 의미에서 생명을 부여받게 되었다. 그래서 우리는 살아 있는 언어와 죽은 언어에 대해 말한다. 결국 우리는 어떤 시행령을 내림으로써 언어를 창조하지는 않았다. 그러므로 문법 규칙이 정해지기 전에 이미 관용어가 존재한 것이다.

마찬가지로 **우리는 사회 체계를 단숨에 만들 수 있다는 생각을 버려야 할 것이다.** 어느것도 처음부터 완전한 것은 없다. 기원은 오랜 기간 동안 성숙의 과정을 끝낸 후에야 비로소 그 완성을 볼 수 있는 맹아를 지니고 있다. 그 시작은 배아의 성질을 지니고 있다. 시간이 지남에 따라 분절될 잠재 가능성을 지니고 있기 때문이다.

• 이제 사회를 **형성하는 힘**이 무엇으로 구성되어 있는지 자세히 알아보기로 하자.

협동하기 위해서, 결과적으로 사회를 만들기 위해서 개인들 사이에 어떤 계약을 전제할 필요는 없다. 우리는 주체자들의 관용 위에 사회적 관계가 근거하고 있다고 상상할 수 있을 것이다. 그러므로 각자는 자기 친구를 대하듯이 모든 사람들에게 처신해야 할 것이다. 상호적인 애타주의는 형제같이 친밀한 사회를 만들게 될 것이다. 이해 관계를 떠난 호의는 상호적인 대인 관계를 촉진할 것이다. 법들은 불필요하게 되고, 덕이 법을 대신할 것이다. 절도나 범죄가 존재하지 않을 것이다.

옳은 말이다. 하지만 그것은 인간들의 이기심을 고려하지 않은 발상이다. 인간에게 애타주의적인 성향이 있다는 것에 동의한다 해도, 감정에 있어서 상호성이 없을까 두려워서 우리는 덕보다는 자신의 이익을 더 선호한다.

개인적인 이익을 추구하는 것이 사회적인 관계를 만드는 데 충분하다는 자유주의자들의 결론은 거기에서 나온다. 즉 개인의 이익에 대한 만족이 공동의 이익에 대한 만족보다 크다는 조건에서 그러하다. 이 문제에 대해서 흄*은 다음과 같이 쓰고 있다. "당신의 밀이 오늘 익고, 나의 밀은 내일 익을 것이다. 그러니 내가 오늘 당신과 함께 일하고, 당신이 내일 나를 도와 주는 것이 우리 두 사람에게 다 유익할 것이다. 나는 당신에 대해 호의를 가지고 있지 않으며, 당신도 나에 대해 호의가 없다는 것을 나는 알고 있다."(《인성론》, 3권 2부 5장)

그러므로 만일 내가 다른 사람과 협동한다면 그것은 나 자신을 위한 것이다. 왜냐하면 그를 위해 일하는 것이 곧 나를 위해 일하는 것이기 때문이다. 즉 타인의 이익을 잘 이해한 것이다. 그는 **봉사를 상호 교환**하게 될 것이다. 내가 그와 함께 행동하는 것처럼 그도 나와 함께 행동한다는 확신이 있을 때에만 타인의 일에 참여한다. 그러므로 타인이 이러한 행동으로부터 이끌어 낼 수 있는 유용성에 근거하는 것보다 더 좋은 보장이 무엇인가? 내가 그것을 좋다고 주장할 필요는 없다. 타인은 내가 그에게 주는 서비스의 교환

* 영국의 철학자. 1711년 4월 26일 스코틀랜드 에든버러에서 출생하였다. 에든버러대학교 법학부를 졸업하고 상사(商社)에 근무하였으나, 문학 · 철학을 지향하여 사직하고 1734~1737년 프랑스에 체재하였다. 그곳에서 주저(主著) 《인성론(人性論) A Treatise of Human Nature》을 집필하여, 1739년에 제1권 〈오성편(悟性篇)〉과 제2권 〈감정편〉을, 1740년에 제3권 〈도덕편〉을 출간하였다.

흄은 도덕의 밑바닥에 '공감(sympathy)'을 두고, 그것으로 인해서 사람은 상호간에 주고받는 쾌락과 고통의 감정과, 상호간의 덕성(德性)을 판정하는 시인(是認) 및 비난의 감정을 얻는다고 생각한다. 그 주장은 특별한 도덕 능력을 인정하지 않고 자연주의적이며, 또한 사회적 성격을 보여 주는 점에서 공리주의적(功利主義的)이다. 종교도 역시 심리적 · 역사적 분석 수법에 의해 자연주의적으로 해명되며 이신론(理神論)의 입장이 인간 본성을 바탕으로 하는 생활 감정에 의해 재해석(再解釋)되고, 기초가 다시 다져진다. 정치 · 법 사상에서는 T. 홉스의 '자연 상태'의 가정(假定)과 계약설을 비판하고, 만인에 공통된 '이익'의 감정에서 법의 근거를 구하는 공리주의적 방향을 제시한다.

으로 자신의 몫을 완수하는 데 관심을 기울인다. 왜냐하면 거부하는 경우에, 그는 그를 위하여 다른 사람들이 아무것도 해주지 않을 위험에 장기간 처할 것이기 때문이다.

쾌락의 즉각적인 추구와 합리적인 계산에 근거한 이익의 추구 사이의 차이는 바로 거기에서 나온다. 협동이 가능한 것은 단순한 욕망이 아니라 이해 관계의 차원에서이다. 어떤 행동으로 인한 결과를 고려하지 않고서, 즉 그 행동으로 인하여 겪을 좋은 결과 혹은 나쁜 결과에 대해 고려하지 않고서, 기본적인 욕망을 맹목적으로 만족시키는 것은 일치보다는 무질서를 초래하게 된다. 사실상 짧은 안목의 이기주의에 사로잡혀서 우리는 다른 사람들이 어떤 도움을 줄 수 있는지를 알지 못하는 경우가 있다.

• 흄에 따르면 인간들 사이에 '협정'이 생겨나는데, **그것은 원래 계약도 아니고 약속도 아니다.** 자유 의지에 의한 결정의 중재 없이 일치가 형성되는 것은 이러한 이해 관계들이 점차적으로 집중되기 때문이다.

정의에 대한 최초의 규칙들이 어떻게 나타나는가 보기로 하자. "나는 타인으로 하여금 그의 재산을 소유하도록 하는 것이 나에게 이익임을 안다. 왜냐하면 그가 나에게도 동일하게 행동할 것이라는 가정하에서 그러하다."(《인성론》, 3권 2부 2장) 시간이 흐르고 관습에 따라서 **암묵적인** 협약들은 모든 사람에게 알려진 견고한 규칙이 되어간다. 그러한 규칙들을 위반하는 것이 그 계획에서 실패할 때 받아야 할 당연한 벌보다 더 죄가 크다는 의미는 아니다. 그러므로 규칙과 제도화된 법은 차이가 있다.

자연의 질서처럼 사회는 이해에 부응하며, 그것이 정의의 원리라고 결론을 내리자. 개인들의 이해가 형성되면 그것은 일반의 이해를 만들어 낸다. 이러한 생각은 애덤 스미스에게서 찾아볼 수 있는데 《보이지 않는 손》의 주제가 그러하다.

가장 중요한 결론은 사회와 관계된 개인의 지위와 관련이 있다. 인간들은 사회의 주체자가 되지는 못하더라도 사회를 건설하는 데 협동한다. 사회는 유기체와 같은 자율성을 가지고 있다. **그러므로 개인에게 의존하고 있으면서도 사회는 개인을 초월하여 우위에 있다.** 사람들은 사회에 의해서만 존재한다.

3. 국가의 설립

• 사회가 저절로 형성된다는 것, 질서는 무질서로부터 자연적으로 생겨난다는 것은 증거가 없는 관념이다. 그러한 관념은 모든 설명을 '이성의 술책'이라는 용어로 한정하고자 하는 현실의 합리성이라는 공리에 의거하고 있다. 게다가 그 관념은 두 가지 반대에 직면하고 있다.

우선 그 관념은 **역사주의**로 흐른다. 사실상 생명의 진화 이론을 사회로 확장시키고 나면 우리는 사회에 대해서 자연 도태를 말하기가 편리하게 된다. 여기서 생명을 위한 투쟁은 우리가 다룬 정의의 규칙들에 적용된다. 규칙들은 일단 만들어진 다음에 그 유용성에 따라 사라지거나 보존된다. 가장 좋은 것, 다시 말해서 가장 강한 것(가장 정의로운 것이 아니라)은 승리한다. 그러므로 역사는 사회를 지배하는 이러한 규칙들의 가치를 결정한다. 어떤 규칙이 도태되지 않는 한, 그것은 정당한 것으로 여겨진다. 그 가치는 객관적인 규범이 아니라 사실들에 의하여 부여된다. 그것은 **가치들**

의 상대주의의 명제에 집착하는 결과를 초래한다.

사회 진화설의 이론은 또 하나의 오류를 드러낸다. 그 이론은 사회를 경제적 질서로 축소시킨다. 이러한 관점에서 보면 사회는 시장의 법칙에 의해 지배되는 자유 교환 체계에 불과하다. 따라서 스스로 구성되는 사회는 정치적인 국가와 아무런 상관이 없다. 이러한 점에 도달하고 나면, 우리는 사회와 다른 국가가 어떤 이유로 유기체에 비유될 수 없는지를 예감하게 된다.

• 사회는 필요성과 유용성에 근거한다. 사회는 유기체와 같은 방식으로 성장한다. 국가는 태어나지도 않고 발전되지도 않으며 제정된다. 홉스는 "우리가 공화국 혹은 국가라고 부르는 커다란 리바이어던을 창조하는 것은 예술이다"(《리바이어던》, 서문)라고 쓰고 있다. 마찬가지로 루소의 시각으로 보면 국가는 계약으로부터 시작해서 세워진 구조에서 생겨난다. 기계의 제조 모델이 유기체의 생성 모델을 대체한다. 한편으로 생명의 진화에 감명을 받는 반면, 다른 한편으로 인간의 의지와 지성에서 생겨난 인위적인 제작을 찬양한다. 우리는 사람들을 스스로 조직되는 세포로 표현하기도 하고, 스스로 구성되는 기계적인 힘으로 표상하기도 한다. 루소가 《사회계약론》(1권 4장)에서 제시하는 것은 후자의 모델이다.

하지만 꼭두각시를 만드는 경우에 장인(匠人)은 외부에서 부품 조립을 한다. 정치 영역에서 지배자(권력을 행사하는 자)는 국가가 형성되기 전에 이미 존재한다는 것을 인식할 수 없다. 산재한 다양성을 통합하는 것은 군주가 아니다. 지배자는 개인들을 서로 연합시키는 행동을 통해서 만들어진다. 통합보다는 다양성이 선결되어야 할 과제이다. 개인들을 통합하는 일로부터 지배 권력이 확산된다. 왜냐하면 민족이 하나의 권위에 복종하기 이전에 민족은 하나의 민족이 되어야만 할 것이다. 홉스의 경우처럼 지배권이 제삼자에게 이양되는지를 알아보는 것은 여기에서 중요하지 않다. 또한 루소 철학의 경우처럼 지배권이 모여든 사람들에게 내재되어 있는지를 알아보는 것도 중요하지 않다.

정치 단체는 거의 순간적인 사회 계약의 피아트(심사숙고 후의 결단) 안에서 실재하게 된다. 지속 기간이 길다고 해서 이러한 독창적인 제도가 완벽하게 되는 것은 아니다. **확대 팽창**의 상징이 **발육 성장**의 상징보다 더 적절하게 보인다. 국가는 커질 수 있고, 국가의 품에 새로운 멤버들을 품을 수도 있다. 그러나 그것이 그 본질을 바꾸지는 못한다. 그와 반대로 성장이라는 것은 사회가 완성 상태에 도달하기 위해서는 시간이 걸려야만 한다는 것을 전제로 한다.

국가의 구조는 법률들을 중개로 하여 법을 결정한다. 법률들은 일반 의지를 표현한다. 국가는 그 본질상 **정치적**이다. 이러한 의미에서 주체자들 사이에 **경제적인 관계망**을 구축하는 사회와 국가를 혼동해서는 안 된다. 사회와 국가를 혼동하는 것은 인간들에 대한 통치를 사물들에 대한 관리로 대체시키는 것이다. 국가는 그리스 도시국가(폴리스)의 전신(轉身)이다. 그러므로 도시국가에 대해 숙고하는 것은 이미 더 좋은 체제에 관한 문제를 생각하는 것이다. 우리는 어떤 국가가 인간에게 '안락한 생활' 조건들을 제공할 것인가 자문해 왔다. 왜냐하면 경제는 살아가는 일만 만족시키기 때문이다. 국가에 의해서 인간들은 지배권을 부여받는다.

대개의 경우 사회와 국가는 공존한다. **사회와 국가는 사회 집단의 여러 계층에 상응한다.** 그러나 국가가 쇠락한다면, 혹은 국가가 사회에 의해 흡수된다면 정치적 생활은 더 이상 존재하지 않을 것이다. 수많은 사람들이 자신의 권리를 되찾을 것이다.

• 만일 국가가 단체 결성의 행위에 그 뿌리를 둔다면 개인이 국가보다 먼저라는 사실을 추론할 수 있다. 개인은 사회 계약으로 용해되기 전에 존재한다. 그럼에도 불구하고 개인은 본질적으로 사회라는 거미줄 안에 갇혀 있음을 깨닫게 된다.

사회 계약의 형성은 국가의 미래 구성원들이 기본적인 권리를 가지고 있음을 전제로 한다. 왜냐하면 계약의 약정 조항은 "각 사회 구성원이 공동체 전체에 대한 자신의 모든 권리를 완전히 포기"(《사회계약론》, 1권 6장)하는 데서 성립한다. 개인은 자신에게 자연의 권리를 인정한다. 그는 사회에 들어가기 전에 권리를 지닌 자로 선언된다. 이러한 맥락에서 볼 때 국가의 설립은 실제적인 보장을 그들에게 확신시켜 줌으로써 이러한 권리들을 다른 근거 위에 다시 세우는 것 외에 다른 목적은 없다.

사회적인 실체의 본질을 **기능적**이고 **생성적**인 이중의 각도에서 밝히고 설명하기 위해 살아 있는 유기체는 비유적인 이미지를 사용할 수 있다. 생성적인 관계에서 사회의 발전은 생명의 발전에 속한 것처럼 보인다. 이러한 경우 우리는 진화하는 과정과 관련을 가진다.

그러나 **필요에 의한 사회**를 **권리에 의한 국가**와 동일시해서는 안 된다. 유기체설이라는 은유는 국가에 대해 더 이상 적용되지 않는다. 사람들은 구성주의자의 이미지를 더 선호한다. 국가의 설립은 기술의 영역에 속하는 것이지 자연의 영역에 속하는 것이 아니다. 그로부터 우리는 협회 계약에 의하여 주조된 인간들 사이의 정치적 관계만 존재한다는 교훈을 얻을 것이다.

이제 발전의 관점(역동적)이 아니라 질서의 관점(정태적)에서 사물들을 대면해 보면, 어떠한 기원을 가진 사회적 실체라 하더라도 사람들이 사회를 살아 있는 존재에 비교한다는 것을 알 수 있다. 루소는 제도화된 국가의 뒤를 이어 생명을 부여받은 국가가 출현한다고 하였다. 이것은 모순처럼 보인다. 사회이건 국가이건 그 안에서의 전체와 부분과의 관계는 살아 있는 존재 내부에 있는 세포들의 상호 의존 메커니즘을 환기시킨다. 거기에는 기계의 경우에 일어나는 것과는 반대로 외적인 조물주와 관계를 맺지 않는 자율적인 기능이 있다.

살아 있는 존재들의 내부에서 **유기체**는 오히려 교환이라는 자기 조절의 원리에 근거한 경제적인 사회의 질서를 상징하며, **몸(인간의)**은 국가 안에서 권력의 위계적인 분배를 상징한다.

마지막으로 살아 있는 존재가 수 세기 전부터 국가 연구의 모델로 사용되어 왔다는 것은 매우 이상한 일이다. 말하자면 얼마 전까지도 우리는 조직화된 존재들의 기능과 기원에 대해 아무것도 말할 수 없을 정도로 모르고 있다. 사실상 정치적인 국가를 검토해 보는 일은 생물학에 대한 성찰을 조건짓는다. 그로부터 **조직과 유기체**는 서로를 위해서 각각의 패러다임을 형성한다는 결론이 나온다.

【참고 사항】

이 문제는 **비유**에 근거한다. 이 단어가 무엇을 의미하는지 알아야 한다. 이 단어는 서로 다른 두 용어들의 관계에 존재하는 동일성을 지시한다. 국가는 **유기체**가 아니고 **조직**이다. 그러나 유기체와 그 세포들과의 관계, 그리고 국가와 그 구성원들의 관계 사이에는 동일성을 확립할 수 있다.

그러므로 유기체에 대해서 알고 있는 것으로부터 출발해서 은유의 실타래를 푸는 시도를 해야 한다. 그러기 위해서는 생물학에 대해 기본적인 몇 가지 지식이 전제되어야 한다. 유기체에 관한 개념도 세월이 흐름에 따라 변화하였다. 기계적 유형의 데카르트식의 개념과 생화학적인 유형의 현대적 개념 사이에는 엄청난 거리가 있다.

유기체라는 은유는 기계라는 은유와 끊임없이 대립되었을 것이다. (국가는 자연적 대상과 유사한가, 아니면 인위적 대상과 유사한가?) 거기에서 우리는 국가와 사회 사이의 고전적인 개념 구분을 다시 볼 수 있는데, 이것은 이 주제의 모든 관심사이다.

지나치게 기술적인 설명을 피하기 위해서 두 축이 기준선으로 사용될 수 있다. 하나는 정태적 혹은 기능적 관점과 역동적 혹은 생성적 관점의 차이를 분명하게 구분하는 것이다. 다른 하나는 **조직의 소위 정치적인 특성을 만드는 것이 무엇인지를 결정하려는 염려에 의해서 연구가 진행되어야 한다는 것이다.**

주제 2 국시란 무엇인가?

국시라는 말은 대개 모든 결론을 종결지을 정도의 중요한 공식으로 들린다. 사람들은 거만하고도 단호한 어조로 국가의 존재 이유를 환기시킨다. 또한 별로 민심을 얻지 못한 몇 가지 결정들을 인정하게 하거나 정당화시키기 위해서 국가의 존재 이유를 내세운다. 마찬가지로 이러한 선택은 국민들이 정보를 받지 못한 상태에서 은밀하게 이루어지는 것이 보통이다. 게다가 바로 거기에서 국가의 존재 이유에 대한 최초의 설명이 생기며, 국가의 이름으로 어떤 진리나 사실들이 가장 은밀하게 유지된다.

이러한 의미에서 국시는 국가의 이익에 상응하는 우월한 이성(존재 이유)을 따르는 것을 의미한다. 일반의 이익은 다른 모든 동기 혹은 고려보다 우월하다. 그래서 다른 이해 관계들을 희생시키도록 강요한다. 바로 거기에서 다른 이의들을 미리 금하는 듯한 이러한 공식——국시——의 놀라운 충격이 생긴다. 왜냐하면 우리의 생각으로는 국가의 이익이 다른 모든 것들을 결정하기 때문이다.

그러나 국시 **그것은 국가의 존재 이유이며,** 다시 말해서 주권자에 의해서 불러일으켜진 동기나 이유이다. 독재 체제에서는 국시란 공허한 말에 지나지 않을 것이다. 어느 누구도 그 말에 속지 않을 것이다. 왜냐하면 독재자의 이유보다 더 결정적인 이유는 없기 때문이다. 국시라는 존재가 문제되는 것은 오히려 공화제 국가에서이다. 왜냐하면 국시는 국민의 대표들에 의해 휘둘리는데, 대개의 경우 일반의 의지와 대립된다. **국가 구성원들의 의견을 넘어서는 국시가 존재하는 것 같다.** 그러므로 일반 의지의 우세함에 근거하고 있으면서도, 국시라는 상위의 원리를 용인하는 것은 민주주의의 모순이다. 국가의 초월적인 이유라는 명목으로 결정의 순간에 군주는 백성들의 의지를 왜곡시킬 수 있다.

민주주의에 중요한 딜레마가 있다. 민주주의는 결정의 메커니즘에 있어 투명성을 높이면서 가능한 한 국시라는 원칙을 축소시키도록 해야 할 것인가? 아니면 국가는 백성이 알지 못하는 나름 대로의 이유를 가지고 있으며, 어떤 경우에 군주의 신중함에 일임해 버려야 하는 경우가 있음을 받아들여야 할 것인가?

게다가 국시는 정치적인 동기들을 드러낸다. 국시는 지배적이고 탁월하기를 바란다. 그래서 국시는 **도덕적** 영역과 갈등을 일으킨다. 국시를 환기시키는 것은 정치가 도덕보다 우위임을 인정하는 것이다. 인간의 권리를 지나치게 침해하는 나라들과 친선 관계, 상업 관계를 유지하는 것을 정당화하기 위해서 국시라는 깃발을 흔든다. 도덕적인 관점으로 보기에 이러한 태도는 인정할 수 없는 것으로 보일 것이다.

그러므로 국가적 이해 관계라는 문제 안에서 정치가 도덕과 유지해야 하는 관계가 결정된다. 정치는 도덕과 양립할 수 있는가? (우리는 칸트와 더불어 '도덕 정치'에 관해 논할 수 있을 것이다.) 아니면 정치를 자율적으로 만드는 그 자신의 도덕을 널리 퍼뜨려야 하는가? (칸트는 이러한 개념을 가진 사람들을 지칭하기 위해 '정치적 도덕주의자'라는 말을 사용하고 있다. 《영구적 평화의 계획》, 부록 I)

1. 수단과 목적

• 국시는 정치적 견유주의의 특성을 전혀 갖지 않을 수도 있다. 개인의 희생이 공동체의 생존에 절대적으로 필요하다는 것을 입증하려면 그러한 결정을 하는 데 간단한 계산을 하는 것만으로도 충분하다. 전체는 그 부분들 중의 하나보다 더 가치가 있다. 그러

므로 희생은 전혀 문제되지 않는다. 죽는 것보다는 사지 중 하나를 절단하고 사는 것이 더 낫다는 의학의 기본 규칙을 사회 집단에 적용시키기만 하면 된다.

그러므로 희생의 논리는 **최소한의 악**을 추구한다는 것을 보여준다. 어느것도 그 논리를 대신할 수 없는 것 같다. 목적이 수단을 정당화한다는 잘 알려진 격언을 말한다 해도 얼굴을 붉힐 사람이 없다. 목적이 정당하다는 것이 증명된다면, 게다가 개인의 이해를 희생하는 것 외에 다른 방법이 없다는 것이 증명된다면 주저할 것이 없다. 목적은 사용된 수단의 가치를 보상해 주거나 잊게 해준다. 최소한의 악이 최단기간의 악보다 선호될 수 있다.

이렇게 추론하는 방법은 사람들이 어떤 목적을 이루게 될 수단을 고려하지 않고 그 목적을 원하지는 않을 것이라는 사실을 전제로 한다. 목적을 원하는 사람은 수단도 원한다. 수단의 선택이 목적의 선택 안에 흡수되어 버린 것 같다는 의미이다. 이러한 상징의 경우 수단과 목적을 분리할 수 없다.

국시가 위에서 기술한 것에 한정된다면 민주주의나 도덕이 그것을 비난할 이유가 전혀 없다.

• 말하자면 수단은 명백하게 부도덕한 것으로 드러날 수도 있고, 우리의 양심과 부딪칠 수도 있다. 그리하여 수단이 도덕적으로 비난받을 만하기 때문에 목적도 오염되고 부패된다. 이러한 관점은 **목적과 수단 사이에 부조화**가 있을 수 있다는 사실을 인식하지 못하는 합리주의적인 낙천주의와 결별된다. 혹은 반대로 수단이 목적과 관련해서 중립적일 수는 없다고 생각할 수도 있다.

마키아벨리에게는 수단을 선택하는 것은 목적의 가치와 무관하다. 모든 수단은 그것이 효과가 있기만 하면 다 좋은 것이다. 수단은 순수하게 기술적인 의미만을 가진다. 어떤 수단은 그것이 수단인 이상 **도구적인 가치**를 갖는다. 도구는 원래 도덕적으로 특징지어질 수 없는 것이다. 우리가 망치에 대해 말할 때, 그것이 유용한가 성능이 좋은가를 말하지, 망치가 도덕적인 의미에서 선한가 악한가를 따지지는 않는다.

이제 우리가 수단 그 자체를 생각해야 한다면, 수단에 도덕적 가치를 부여할 수도 있다. 비난할 만한 수단은 목적의 가치를 치유 불가능할 정도로 충분히 손상시킬 수 있다. 수단의 선택은 목적의 도덕적 본질을 바꾸며, 그것은 정치적 행동을 어렵게, 즉 불가능하게 하기도 한다. 수단에 대한 마키아벨리식의 무관심으로부터 '선한 영혼'의 반대되는 형상 속으로 전락하게 된다.(헤겔, 《정신현상학》, p.168) 선한 영혼이란 수단들을 조작하는 일에 손을 더럽힐까 봐 두려워하면서 행동하는 것을 자제하고 좋은 의도로 만족하는 사람들이다. **선한 영혼은 수단을 무시하고 목적의 표적에 갇혀 있다.** 그 영혼은 물론 목적의 순수성을 보존한다. 하지만 현실과는 완전히 절연하고 있다. 그것은 실현의 기술적인 순간을 비워 놓고 있다. 그 영혼은 선을 행하기를 원하면서도 잘못 행동할까 봐 두려워서 선을 행하려고 시도하지 않는 모순 속에 갇히게 된다.

정치가는 선이 관조의 대상이 아니라 행동의 대상임을 알고 있다. 그는 좋은 정치를 하기 위해서는 정당한 목적을 목표로 하는 것만으로는 충분하지 않다는 것을 알고 있다. 왜냐하면 이러한 목표 자체는 수단에 의해 밝혀져야 하기 때문이다. 선한 영혼은 행동의 단계를 은폐하고자 한다. **반대로 사물들의 저항에 부딪치는 것은 정치가가 근심할 몫이다.**

마키아벨리식의 정치가는 국시가 존재하는가를 알기 위해 질문하지 않는다. 그에게는 국가의 이해 관계보다 상위에 있는 것은 없다. 그러므로 도덕은 정치의 영역 밖에 있다. 수단이 목적과 갈등을 일으킬 수도 있다. 그 둘 사이에는 필연적으로 동질성이 존재한다. 그러므로 이 모순적인 두 가지 태도 사이에서 선택을 하는데 있어 예외적인 해결책으로써 호소할 만한 국시란 존재하지 않는다. 국시는 도덕을 고려하지 않는 정치의 항구적인 원칙으로 형상화된다. 국시는 국가의 이해를 보존한다는 조건이면 무엇이나 정당화된다는 것을 의미한다. 그것은 정치를 도덕적인 규칙들에 위반되는 상황 속에 빠뜨린다. 마치 칸트가 "진정한 정치는 도덕을 존중하지 않고는 한발도 나갈 수 없다"《영원한 평화에 대한 시론》, 부록 I)고 쓴 것과 같다.

하지만 선한 영혼을 반대하는 암초에 걸려서는 안 되며, 행동을 두려워해서도 안 된다. 국시는 수단과 방법이 나누어지는 것이 가능한가를 다루는 주제에서 이미 밝혀진 바 있다. 국가의 가장 중요한 이해라는 명목으로 우리는 아무 행동이나 할 수 있는 것이 아니다. 그러나 행동을 거부하고 좋은 감정의 천국에 머무는 것이 또한 정치는 아니다.

한편으로 국시를 모든 정치적 원동력의 축으로 삼고자 하는 것은 정치를 매우 **실용적인** 목적에 귀속시키는 것 같다. 다른 한편으로 우리는 도덕의 이름으로, **그러나 정치를 죽이면서** 국시를 사라지게 하고 있다.

• 이 극단적인 두 가지 입장 사이에, 상황이 그렇게 요구할 때에는 정치적 이유라는 미봉책에 호소할 수 있는 도덕 정치의 특징들을 묘사할 수 있다.

도덕, 혹은 막스 베버가《현자와 정치가》에서 '확신의 윤리' 라고 부른 것은 원칙들의 절대적이고 신성불가침한 도그마에만 관련된다. 거짓말을 해서는 안 된다면 확신의 윤리학은 결과를 근심하지 말고 이러한 명령을 문자 그대로 따르라고 한다. 만일 이러한 행위로 인한 결과 때문에 곤란에 빠진다 해도, 자기의 의무를 다한 도덕적 주체에게 책임을 물을 수는 없을 것이다. 확신의 윤리에 따라 행동하는 사람은 원치 않는 결과에 신경 쓸 필요가 없다. 그는 추구된 목적만을 책임진다. 그는 목적 자체를 위하여 목적을 만들어 내고자 한다. 결국 결과는 예측 불가능하며, **결과는 목적의 무조건적인 필요에 비하여 우발적이라고 한다.**

그러나 결과를 무시하는 것은 바라던 목적과는 반대로 사악한 결과를 초래할 수 있다. 그렇기 때문에 정치가는 '책임 윤리'라는 태도를 차용해야 할 것이다. 정치가는 자신을 어떤 행동의 예기치 않은 결과에 책임을 질 자로 여긴다. 그러므로 만일 어떤 상황에서 진실을 밝히는 것이 국시와 반대되는 결과를 초래한다면, 정치가는 일부러 도덕을 왜곡하는 쪽으로 선택할 것이다. 그는 국시를 말할 것이다. 맞다, 그러나 이러한 표현을 둘러싸고 있는 유황의 냄새를 제거해야 옳다.

확신의 사람은 자신이 이상적이고 변함 없는 도덕의 수호자가 되기를 원한다. 그래서 그는 **의무 사이에 갈등**의 사건들이 있을 수 있다는 것을 깨닫지 못한다. 어떤 일에 따라서 도덕 자체는 이론에서 실천으로 넘어가면서 때로는 다른 것, 즉 더 높은 차원의 일에 충실하기 위해서 몇몇 규칙들을 위반해야 한다는 것을 인정한다. 만일 무고한 사람을 구할 수 있다면 거짓말하는 것이 도덕적으로 용납될 수 있다. 왜냐하면 도덕은 의무의 중요성에 위계를 세우기 때문이다. 그 거짓말이 용서할 수 있는 죄라는 것은 자명하다.

따라서 도덕과 정치의 부조화하에서 국시는 국가의 권리, 즉 그 효력 안에 도덕을 재정립한다.

2. 수단-목적 논리의 초월

• 이미 말한 바와 같이 만일 추구되는 목적이 객관적으로 확실하게 정치적 차원에서 가장 좋은 것이라면, 그 목적을 성취하기 위한 적당한 방법을 적용하는 것에 대해 그 누구도 반대하지 않을 것이다. 만일 그 목적이 어떤 도시를 구하는 것이라면, 어떤 수단이 개인을 희생시킨다 해도 반론이 없을 것이다. 왜냐하면 도시 전체가 개인보다 더 가치 있기 때문이다.

그러나 덧붙일 것이 있다면 정치적인 영역에서는 일이 그처럼 단순하지 않다는 것이다. **사실상 목적에 대한 어떤 과학적인 지식도 없으며**, 그러한 지식은 수단에 대한 것에만 유보되어 있다. 목적이 선한지 어떻게 알 수 있을까? 거기에서는 어떤 사실이나 어떤 진실도 공제될 수 없다. 정치가는 목적을 결정할 책임을 지고 있다. 그는 수단에 대한 연구에 있어서 기계적인 일들을 전문가들에게 위임한다. 그러므로 과학자가 **사실**을 다루는 데 비해 정치가는 오로지 **가치**에만 전념한다. 따라서 이 두 기능 사이에는 독립성이 있어야만 한다.

그러므로 목적에 앞서 선결되어야 할 정당화의 문제가 제기되는 한, 어떤 목적도 그 자체로 수단을 정당화시킬 수 없다. 따라서 목적은 선택의 대상만을 만들 뿐이다. 선택은 수단에만 영향을 미치는 것이 아니라 목적에도 영향을 미친다. 목적은 결코 주어지지 않는다. 그러므로 국시의 동력으로 사용된 암묵적인 조항, 그것은 각 상황에는 모든 사람에 의해서 분명하게 식별될 만한 절대적이고 유일한 하나의 목적만이 존재한다는 것이다. 그 목적이 단번에 정당한 것으로 전제되면, 그것을 이루기 위한 가장 좋은 방법을 찾는 일만 남게 된다. 사실상 단 하나의 목적만 존재한다. 하나의 선택이 실행되어야만 하는데, **여러 가지 경쟁적인 목적들이 개입된다.** 그러므로 목적들 사이에는 갈등이 생긴다.

다시 예를 들자면 어떤 도시의 시민들이 흉악한 범죄로 고소당한 사람에게 린치를 가하려는 순간을 상상해 보자. 판결이 그다지 간단하지 않을 것이다. 선량한 실리주의자적인 입장에서는 공동체를 위해 한 사람이 희생당하는 것이 나을 것 같다고 생각할 수 있다. 그렇지 않으면 성난 군중이 맹목적인 폭력과 살인으로 사회의 조직을 흔들 위험이 있다. 사람들은 사회의 평화와 질서, 따라서 개인의 존재보다는 도시의 존재 자체의 유지를 더 선호할 것이다. 그러나 거기에는 다른 목적이 있다는 것을 알 수 있다. 정치가는 재판에 회부해야 할 사람의 권리 보호에 신경을 쓰는 것이 다른 모든 목적보다 더 우위라고 생각할 수 있다. 따라서 정치가는 도시 전체가 불에 타는 것을 보게 될 위험을 감수하게 될 것이다.

이 예를 통해서 정치가는 몇 가지 딜레마를 피할 수 없으며, 어떤 목적도 완전한 절대성의 빛 속에서 저절로 밝혀지지 않는다는 것을 알게 된다. 국시는 국가를 보호하기 위해서 단호하게 결정한다.

우리가 추구된 목적의 가치를 완전히 확신한다 하더라도, 그러한 방법(한 사람의 생명을 희생시키는 것)이 원하던 결과를 틀림없이 가져오는지 어떻게 알 수 있겠는가? **국시 형태의 모든 논의는 어떤 한 가지 수단을 다른 모든 수단들 중에서 필수적인 유일한 수**

단의 계열에 올려놓는다. 하지만 한 사람을 희생시킴으로써 도시의 폭발을 피할 수 있을 것이라고 그 무엇도 보장할 수 없다. 결과는 사람들이 기대하던 것과는 정반대가 될 수도 있다.

그 이유는 간단하다. 수단의 연쇄는 원인의 연쇄와 정확하게 대응되지 않기 때문이다. 수단들은 목적의 표상으로부터 분석적으로 연역된다. 행동할 시기가 되면 발견된 마지막 수단이 어떤 행동을 유발하는 최초의 원인으로 사용된다. 그러므로 우리는 원인에서 결과라는 역방향으로 거슬러 간다. 수단의 계열은 방법의 연쇄고리와 정확하게 일치하지 않는다. 어쩔 수 없이 예측 불가능한일도 있다. 상황과 규명할 수 없는 요인들이 사람들로 하여금 결과를 완벽하게 제어할 수 없도록 한다.

목적과 수단에 부과되는 이중적인 불확실성이 드러난 이후로 국시라는 원칙이 흔들리게 되었다는 결론에 도달한다.

• 우리는 지금까지 수단과 목적에 합치하는 정도에 따라 정치적인 행동이 분석될 수 있다는 것을 인정하면서 추론해 왔다. 가장 정당한 목적을 위하여, 가장 좋은 수단을 추구하는 데 집중하기 위하여 모든 선택은 분해될 것이다. 이러한 간략한 논리는 어떤 선입견에 상응하는 것으로 보인다. 왜냐하면 우리가 지적한 바와 같이 사실상 문제는 수단과 목적의 관계보다는 여러 목적들 중 하나의 목적을 선택하는 데 더 관련되어 있기 때문이다.

어떤 각도로 보면 수단의 위치를 차지한 것으로 보이는 것도 이제는 다른 가능한 목적으로 고려되어야 한다. 한 개인의 생명을 희생시키는 일은 수단들에 대한 기술적인 문제에 속하는 것이다. 그러므로 목적이 수단들을 정당화시킨다는 사실에는 어떤 모순도 없다. **그러나 어떤 수단은 필요한 수단을 포기하도록 하는데, 그**

것은 사실상 다른 목적에 상응하는 선택인 경우이다. 무고한 사람의 생명을 보존하는 것은 그 자체로 가치가 있다. 다시 말하면 그것은 목적이지 수단은 아니다.

소포클레스의 《안티고네》는 이러한 점에 있어서 이 메커니즘에 대한 가장 좋은 예를 제시해 준다. 국가의 법을 내세우는 크레온에게 있어서 안티고네를 위협하는 사형 판결은 하나의 수단, 어쩌면 가증할 수단일 뿐이다. 그러나 그것은 목적에 의해 정당화된 수단이다. 국시는 목적의 명백한 가치를 위하여 이러한 방법이 사용될 것을 명령한다. 크레온은 안티고네의 죽음만이 유일한 방법이라고 하면서 결정을 내린다. 하지만 잘 생각해 보면 크레온이 무엇을 결정하는가? 그는 국가의 법이 가족간의 동정심을 지배하는 비성문법보다 더 우월하다는 것을 옹호하려는 것이다. 그러므로 그는 다른 것에 반대되는 하나의 목적, 하나의 가치를 선택한 것이다.

국시를 내세우는 것은 수단의 계열에 두었던 목적을 역행시키는 것이다. 그 다음에는 비도덕성이 나타나더라도 모든 행동은 정당화될 수 있다. 그 행동을 더 우월하다고 판단된 목적에 결부시키는 것으로 족하다. 따라서 하나의 수단이 도덕적인 규칙들과 위반될 때, 그것은 더 이상 수단의 문제가 아니고 목적 자체의 문제라는 것을 반복해서 말하고 싶다. 무고한 사람의 죽음을 거부하는 것은 절대적인 가치에 집착하는 것이다.

• 그 다음에 서로 경합하는 목적들의 본질을 밝히고 표명할 가능성은 우리에게 열려 있다.

그 자체가 하나의 목적이 되는 국가를 신성시하는 일, 개인에게 우위를 부여하는 일, 그러한 관점에서 국가는 하나의 수단일 뿐이다. 그래서 국시란 언제나 **개인의 희생**이라는 문제와 관련된다.

국가의 이해를 위한다는 명목으로 군주는 시민의 이해를 제2차원에 두는 권위를 스스로에게 부여한다. 국가의 수호는 다른 모든 고려 사항을 능가한다. 이 점에 있어서 국가와 국가를 구성하는 사람들 사이의 분리가 일어난다. 국가는 모든 것들의 이유가 됨으로써 이유를 잃어버린다. 국민의 의지를 되돌리기 위하여 국가의 위대함에 대한 어떤 관념을 이용하는 것은 제정신이 아니고는 안 된다. 이러한 의미에서 국시는 국민에게서 주권을 박탈한다.

국가가 개인의 복지를 보장하기 위한 것 외에 다른 목적을 가져서는 안 된다고 결론을 내려야만 할까? 국가를 받치고 있던 발판을 깨버리는 것은 개인에게 개인의 일차적인 가치를 되돌려 주는 것이다. 그러나 국가는 사회의 경제적 기관실과 혼동된다. 사회는 사적인 행복만을 겨냥한다. 각 주체는 개인의 이익을 위하여 사회를 이용한다. 이와 같이 인식된 국가는 일반적인 복지의 목적을 가진다. 그러므로 역설적이게도 아무것도 변하지 않고, 국시는 자신의 특권들을 회복한다. 왜냐하면 이러한 유용한 논리에 따르면 사람들은 가장 많은 수의 가장 큰 행복을 보장하기 위해 법 규칙을 우롱하기를 주저하지 않을 것이다. 성난 대중에 의해서 유죄로 판결된 무고한 사람은 공동의 이익을 위해서 희생당할 것이다. **여기에서 개인보다 선호되는 것은 국가가 아니라 인간의 기본권에 대한 복지이다.**

이와 같이 국가의 진정한 목적이 계시되는데, 그것은 국시의 심오한 의미를 드러내 준다. **국가는 복지가 아니라 정의를 목적으로 한다.** 국가는 시민의 권리들을 보장하는 법적인 제도의 유지를 위해 신경을 써야 한다. 어떤 결과가 되든지 국가는 개인의 권리를 침해하는 것을 스스로 금해야 한다. 비록 일반적인 복지가 향상되는 결과가 있더라도 말이다. 그 이후로 국시는 전근대적인 개념이 된다. 법이 그 최고권을 유지하는 한 그것을 결정적으로 적용하기만 하면 된다.

사람들은 다른 법을 내세우는 경우를 제외하고는 어떤 법을 왜곡시킬 수 있는 가능성을 인정하지 않을 것이다. 법은 **법을 위해서만** 한정될 수 있다. 나는 나를 죽이려는 사람을 죽일 수 있다. 그것은 법에 합치한다. 이러한 경우 우리는 국시의 특성인 희생의 논리에서 벗어나게 된다. 국시는 더 상위의 이해 관계라는 명목으로 법을 위반해야만 하는 예외적인 상황에서는 더 이상 효력이 없다. 우리는 이제 **법은 다른 법을 위해서만 희생될 수 있다**고 말할 수 있다. 법치국가는 그 외관이 어떠하든지 우리로 하여금 결코 법으로부터 벗어나지 못하게 한다. 법은 범죄를 금지하지만, 또한 정당방위의 경우에는 범죄를 허용하기도 한다.

이와 같이 법적인 이유는 국시를 대체하게 된다.

국시에 대한 우리의 질문은 도덕을 정치와 관련짓게 한다. 법에 따름으로써 정치가 형식을 갖추고, 도덕과 양립할 수 있을 때 진정한 정치가 된다. 그러므로 리쾨르가 기술한 바와 같이 "이러한 의미에서 법치국가란 정치적 영역에서 윤리적 의도가 실현되는 것이다."(《텍스트에서 행동으로》, 〈윤리와 정치〉) 도덕은 만인에게 평등한 법의 형태로 구현된다. 만일 국시가 있다고 한다면 적어도 국시는 도덕을 정치에 희생시켜서는 안 된다.

도덕 안에서 정치와 부딪치는 것은 바로 폭력의 문제이다. 폭력이 정치의 결정적인 수단이 되는 한, 폭력은 항상 비도덕적이라고 판단될 것이다. 이러한 이유로 인해 고매한 정신은 무위(無爲)에

안주한다. 그러나 국가의 폭력은 폭력이 아니라는 사실을 환기해야 한다. 법의 윤곽을 한정하는 합법적인 폭력도 존재한다. 그러므로 국가가 법을 실행시킨다면 국가가 폭력을 사용하는 일에 반대할 것은 아무것도 없다. 폭력이 법을 보호한다면 무엇 때문에 폭력을 두려워하겠는가?

바로 여기에서 칸트가 법의 원칙을 세운 공리가 생겨난다. Fiat justiciat, pereat mundus, 즉 칸트는 이 구절을 "이 세상에 있는 모든 악당들이 멸절한다 해도 정의가 통치해야 한다"(《영구적인 평화에 대한 시론》)라고 자유롭게 해석하였다. 이 말은 국가가 '가장 효과적으로 법을 사용해야 한다(그것은 도덕적인 의무와 반대될 것이다)'는 의미가 아니라, 어떤 **이해 관계도** 국민의 기본법에 장애가 되어서는 안 된다는 의미이다. 정치는 법 앞에 머리를 숙여야 하지만 이해 관계 앞에 머리를 숙여서는 안 된다.

가장 가증스러운 일 중의 하나인데, 국시에 의지하는 행위가 국가의 이름으로 국가와 상관없는 목적을 사용하는 결과를 초래하는 것이다. 정의는 물론 어떤 죄악들이 법에 위반되지 않는다는 조건에서 그것들을 정당화한다. 집단의 복지 혹은 경제적 이해가 폭력을 정당화시키기 위해 쓰일 때 국시는 해로운 것이 되며, 법을 벗어나게 된다.

이것은 정치에 딜레마가 있다는 사실을 배제하지 않는다. 어떤 선택들은 다른 것보다 더 정의롭게 보일 수 있다. 하지만 인간의 권리가 다른 모든 이유보다 우월하다는 것을 인식하는 것이 중요하다. 국가는 개인을 압제해서는 안 되며, 오히려 사회의 무질서(방탕)에 대해 개인을 보호해야만 한다.

【참고 사항】

이 주제는 여러 가지 어려움을 제시한다. 숙고하기 전에 '국시(國是)'라는 표현의 일반적인 의미를 알아야 한다. (국가에 비하여 개인의) **희생의 개념**은 이러한 말의 의미를 밝혀 주는 첫번째 공리로 사용될 수 있을 것이다.

게다가 …은 무엇인가?로 시작되는 개념의 본질이나 속성에 대해 질문하는 모든 주제는 문제 제기라는 비상한 노력이 요구된다. 왜냐하면 우리는 국시가 **무엇인지**를 만족스러울 만큼 분명하게 말할 수 없기 때문이다. 이 주제에는 우리가 따라갈 수 있는 발자취를 가리켜 줄 만한 어떠한 지시도 들어 있지 않다. 그러므로 문제를 제기하려고 시도하는 데 어느 정도 시간이 경과해야만 한다. 그렇지 않으면 우리는 어쩔 수 없이 제자리걸음을 하게 된다.

이러한 목적으로 **정치와 도덕의 관계**라는 상황에 문제를 위치시키는 것이 타당하다. 즉 정치와 도덕이 양립 가능한가? 정치는 도덕과 상반되는 요구를 하는가, 그리고/혹은 도덕의 요구보다 우월한가?

개념적인 도구에 대해서 말하면 수단과 방법이라는 용어로 (정치적 혹은 도덕적) 행동을 분석하는 것도 유용할 수 있다. 모든 국시의 주문(呪文)을 해명해 주는 것은 "목적이 수단을 정당화한다"는 말이다.

주제 3 　국가가 자유를 억압하는가?

　어떤 국가이건 국가란 강제력의 표현이다. 사회와 국가 사이에 존재하는 거리 안에는, 국가가 법을 매개로 하여 개인들에게 강제력을 행사한다는 사상이 드러난다. 이러한 강제력은 훨씬 더 강압적이며, 국가의 힘은 각 개인의 힘을 훨씬 능가한다.

　법률은 대개의 경우 금지한다. 따라서 이루어질 가능성이 없는 것을 금지하는 것은 아무런 의미가 없다. 법은 일어날 수 있는 일만을 금지한다. 국가가 살인을 벌하는 법을 제정하는 것은 인간들이 서로 죽이기 때문이다. 그러므로 국가의 힘이 개인의 자유를 침식하는 것은 당연한 일 같다. 왜냐하면 국가의 힘은 할 수 있는 어떤 행위들을 법에 위반된다고 선언하기 때문이다. 이와 같이 **모든 국가의 필연적으로 전제적인 힘을 공표하는 것**이 더 편리하다.

　이에 대한 가장 급진적인 첫번째 해결책은 국가를 **폐지**하자는 것이다. 이러한 사상은 주로 무정부주의적인 사고에 의해 발전되었다. 좀더 완화된 다른 해결책은 국가의 권력이 없으면 사회가 와해되므로 국가에게 양도된 권력에 순응해야만 한다고 주장한다. 이러한 경우에 사람들은 질서가 자유보다 더 낫다고 생각한다. 사람들은 사회의 응집력을 유지하기 위해서는 무거운 세금을 내고, 우리 자유의 일부를 희생하는 것을 전제로 한다는 것을 암묵적으로 인정하고 있다. 국가는 항상 악의적으로 비난받고 있다. 그러나 그렇다고 해서 국가의 존재를 다시 거론할 필요는 없다. 국가는 미봉책의 역할을 한다. 그래서 국가는 인간에게 없어서는 안 될 존재가 될 것이다.

이러한 두 가지 관점의 근저에는 국가가 개인의 자유를 통제한다는 사상이 깔려 있다. 그러므로 인간 행위가 발휘되는 것을 막는 것은, 그 본질이 무엇이건간에 모든 국가의 성향인가 하는 질문이 야기된다. 국가의 법이 자유의 실현을 가능케 하는 그러한 구조를 볼 수 없지 않은가? 정치 체제의 형태들과 관련해 볼 때 공화국도 예외가 아니지 않은가? 다른 말로 하면 **우리가 법과 자유를 화합시킬 수 있는가?** 사람이 자신의 자유를 보존하면서 법의 지배하에서 사는 것이 가능한가?

이 마지막 질문은 좀더 심오한 다른 질문을 불러일으킨다. 만일 국가가 개인들의 자유를 거부한다면, 그것은 사회에 입문하기 전에 인간이 누릴 수 있는 천부의 자유가 존재하기 때문이다. 그러나 **진정한 자유**가 무엇인지를 알아보아야 할 것이다.

국가를 비난하는 소송에서 자유에 대한 두 가지 개념이 대립된다. 자유가 **독립**과 혼동되는 데 따라서, 아니면 법에 정확하게 순종하는 **자율성**과 혼동되는 것에 따라서 모든 것은 변화한다.

인간이 궁극적으로 생명을 희생시킬 만큼 가치 있는 자유는 무엇일까?

1. 지배의 도구로서의 국가

• 인간은 **천부적으로** 어떤 자유를 가지고 있는가? 국가라는 제도가 어쩔 수 없이 제한해야 하는 이러한 원초적인 자유의 범위는 어떠한가? 천부적 자유는 자연 상태의 인간을 조사해 보면 알수 있다. 자연 상태의 인간에게는 법이 존재하지 않았다. 따라서

그러한 인간에게는 자신의 욕망과 힘이 자신의 한계였다. 각 사람은 자신의 능력 범위 안에서 모든 것을 완수할 자유가 있다. 즉 자신이 할 수 있는 모든 것을 할 자유가 있다는 말이다. 이때 자유는 욕망의 형태와 일치한다.

이러한 자유를 **시민의 자유**와 비교해 보자. 외관상 인간은 그를 유혹하는 모든 것을 할 무한한 권리로부터 법에 의해 행사되는 외적인 강제의 상황으로 넘어온 듯하다. 그러나 사실은 전혀 그렇지 않다. 왜냐하면 자연 상태에서도 각자의 자유는 서로 상쇄되어 균형을 유지하기 때문이다. 욕망은 활용되는 대신에 서로서로를 제한한다. 나의 자유란 나의 능력만큼 확장된다. 나보다 더 우월한 강제력 앞에서는 아무것도 아니라는 의미이다. **결국 각자는 자신이 원하는 것을 할 자유가 있다. 그러나 어느 누구도 자신의 자유를 행사할 수는 없다.**

그렇다면 인간이 국가의 법에 순응함으로써 무엇을 상실하였는가? 별로 잃은 것이 없다. 왜냐하면 사람들이 희생하라고 요구하는 것은 그의 천부적인 자유이며, 그 자유는 그에게 별로 효과를 줄 수 없기 때문이다. 반대로 인간이 얻은 것은 자신의 권리가 보호받는 것이다. 예를 들면 인간이 손에 넣는 것이 그의 합법적인 소유가 된다. 법은 자유를 **제한**하는데, 그것은 법이 자유의 범위를 축소시킨다는 의미보다는 자유의 **경계를 긋는다**는 의미이다. 제한이란 먼저의 자유를 축소하는 것이 아니라 오히려 자유의 영역을 구성하고 윤곽을 잡아 주는 일이다. 집단의 힘에 의해서 보장되는 것만이 진정한 자유이다. 법이 허용하는 모든 것 안에서 나는 **실제로** 자유롭다. 왜냐하면 나의 자유를 축소하기를 원하는 사람은 법의 처벌을 받게 될 것이기 때문이다.

루소는 말하기를 "우리는 시민의 신분을 획득한 것에다가 인간으로 하여금 자신의 주인이 되도록 해주는 유일한 도덕적 자유를 덧붙일 수 있다"(《사회계약론》, 1권 8장)고 하였다. 사실상 자연의 상태에서 인간은 '어리석고 열등한 동물'과 흡사하다. 인간은 자신의 본능과 욕망에 이끌린다. 본성은 모든 동물과 마찬가지로 인간에게 이야기한다. 그 성향의 과격함이 인간으로 하여금 행동하게 한다. 성향의 폭정에서 벗어남으로써 스스로 결정하는 의지의 행위에 비교될 만한 것은 아무것도 없다. 자유를 행사하는 것은 어떤 자연적 특성을 보호해 주지 못한다. 사회 안에서 다른 사람들과의 관계를 통해서만 자유가 인간에게 오는 것이 가능하다. 이러한 기능은 그것이 일깨워지지 않는다면 영원히 잠든 상태로 남아 있게 될 것이다. 자유는 학습의 대상이 된다. 문화의 출현을 가능케 하는 사회는 인간에게 자유롭게 결정하는 능력, 즉 의지에 의해 결정하는 능력을 발전시킨다.

　• 그러므로 사회는 인간을 원초적인 동물성으로부터 끄집어 내어 인간에게 시민적이고 도덕적인 이중적인 자유를 부여하는 것 같다. 어떻게 법이 인간에게서 천부적인 자유를 빼앗아 갔다고 비난하겠는가?

　그것이 어느 누구도 사회의 절대적인 중요성을 부인하지 못할 이유일 것이다. 그러나 국가를 경멸하는 사람은 국가는 사회와 다르다는 것을 기억할 것이다. 무정부주의자의 사고는 **국가가 외적 권력의 표현이 되어 사회와 분리될 때** 국가는 지배의 원천이라는 관념에 근거하고 있다. 예를 들면 프루동*의 공식화된 예와 같이, 국가에 대한 무정부주의자의 비판은 **사회를 국가로부터 옹호하는 것**을 목적으로 한다.

국가 조직이 아니라 사회 조직의 가능성에 대해 생각해 보아야한다. 프루동은 정치적인 국가에 대하여 경제적인 사회를 옹호하는데, 그것은 법의 체계에 대해 개인적인 계약의 체계를 옹호하는 것이다. 따라서 이러한 관점에서 보면 정치는 경제에 흡수된다.

공화국도 비난을 면할 수 없다. 국민의 권력이란 환상이다. 보통 선거는 신비화에 불과하다. 왜냐하면 결국 권력은 국민의 이름으로 주권을 행사하는 국민의 대표자들에게 있기 때문이다. 프루동은 군주정치이건, 귀족정치이건, 민주정치이건 간에 모든 형태의 국가를 혐오한다.

• 마르크스주의는 국가에 대해 다른 비판 이론을 가지고 있다. 사실상 레닌이 《국가와 혁명》(제1장)에 마르크스를 해석하면서 쓰고 있는 바와 같이 "국가는 계급 지배의 조직이다. 즉 어떤 계급이 다른 계급을 지배하기 위한 조직이다." 국가의 존재는 사회 조직의 내부에 분열이 있다는 것을 증명한다. 만일 계급들 사이에 동질성이 존재하고 서로 양립할 수 있다면 국가는 존재하지 않을 것이다. 그러므로 국가의 출현은 다른 계급을 지배하는 계급이 출

＊ Proudhon: 프랑스의 무정부주의 사상가·사회주의자. 브장송 출생. 양조업자의 아들로 태어나 아버지가 소송 사건으로 파산한 후, 1838년 파리로 가 고학으로 높은 교양을 쌓았다. 저서 《재산이란 무엇인가?》(1840)에서 "재산이란 도둑질한 물건이다"라고 단정하며 자본가적·사적 소유를 원칙적으로 부정하였다. 그리고 노동자가 생산 수단을 소유하여 소생산자 개인의 자유 의사에 기초를 둔 협동조합 조직을 만들고, 이들 조직을 지역적으로 연합시켜 지방분권 조직인 연합 사회를 건설할 것을 주장하였다. 또 모든 권력은 필연적으로 지배와 피지배의 관계를 수반하기 때문에 악이며, 소유는 모든 권력＝착취＝지배로 통하는 수단이라고 하여 부정하였다. 그리고 힘 대신 정의를 가치의 척도로 삼아 인내심을 가지고 자본가의 양심과 인도주의에 호소해야 한다고 강조하였다.

현한다는 것을 의미한다. 사회 내부 모순들의 표현으로서의 국가가 존재할 뿐이다. 마르크스에 따르면 국가는 반드시 경제적으로 가장 강력한 계급의 힘을 반영한다. 19세기의 경우에 가장 강력한 계급은 부르주아였다.

"고대 국가와 봉건 국가가 노예와 농노들을 착취하는 기관이었을 뿐만 아니라 근대의 대의제 국가도 역시 자본에 의해서 노동자의 일을 착취하는 도구이다."(레닌, 《국가와 혁명》) 다르게 말하면 마르크스주의는 무정부주의와 마찬가지로 보통 선거에 대해 비판을 하고 있는데, 보통 선거는 노동자들에 대한 부르주아의 지배를 은폐한다고 비난받고 있다.

무정부주의자의 사고에 대해서 마르크스주의의 독창성은 **국가의 쇠퇴**라는 주장에 있다. 혁명은 부르주아의 국가를 소멸하는 것을 목표로 해야 한다. 부르주아 국가는 프롤레타리아 국가로 대체되어야 할 것인데, 프롤레타리아 국가는 논리적으로 스스로 **소멸하게 될** 것이다. 그러므로 부르주아 국가의 폐지에 대해, 사회주의 혁명 이후에 국가의 소멸에 대해 이야기할 것이다. 계급간의 대립이 사라지면 국가는 더 이상 스스로 정당화될 수 없고 저절로 소멸하게 될 것이라는 사상이다.

2. 자유의 보증인으로서의 국가

• 우리가 국가를 사회와 구별되는 조직으로 생각하는 한, 국가가 개인의 자유를 억압할 위험은 사실상 언제나 존재한다.

그러므로 더 이상 국가를 사회로 축소시키지 않고, 반대로 **사회**

를 **국가로 환원**시키는 해결책이 나오게 된다. 그후부터 국가는 이제 사회의 외부 원형질이 아니라 사회를 구성하는 주체이다. 권력으로서의 국가는 더 이상 사회로서의 국가와 구분되지 않는다. 그것이 바로 공화제 이념의 근거이다.

주권이 국민에게 속해 있기 때문에 법에 순종한다고 해도 국민은 외적인 힘에 복종하는 것이 아니다. 공화국에 대한 옹호는 전제주의 국가에 대한 비난과 짝을 이루고 있다. 공화국의 옹호는 인간의 자유가 단순한 원리에 근거하고 있다고 한다. 그 원리는 법이 국민 의지의 표현이라는 조건에서만 보장될 수 있다는 것이다.

따라서 자유는 새로운 국면을 취하게 된다. 지금까지 **자주성**이라고 여겨진 자유는 이제부터는 **자율성**의 특징을 받아들여야 한다. 인간이 다른 인간들에게 의존하고 있는 한 그들이 자유롭지 못하다는 것은 자명하다. 하지만 자신들에게 위임한다 해도 그들은 여전히 자신들의 욕망에 매여 있다. 자신이 원하는 것을 하는 사람의 능력과 그 사람의 자유를 혼동해서는 안 된다. 몽테스키외에 따르면 "정치적인 자유는 사람들이 원하는 것을 하는 것이 아니라"(《법의 정신》, 4권 3장) 원하게 마련인 것을 하는 것이다. 따라서 사람들이 **법에 의존할 때에만** 자유가 존재한다. 사람들은 그들의 의지가 정당한 것이므로 행하라고 규정하는 것을 따른다. 따라서 그들은 자신이 제정한 법에 복종함으로써 자유로워진다. 이것이 바로 자율성에 대한 정의와 일치한다. 그러므로 국가는 사람들에게 의존하던 것을 법에 의존하는 것으로 대체하는 기능을 가진다.

• 대중의 주권에 대한 공화주의자의 이념은 중대한 반대에 부딪치게 된다.

요컨대 국민이 자신의 권위가 상실되었다고 여기는 것은 **대표제**인 민주주의 체계 안에서이다. 국민은 그 대표자들에 의해 좌우된다. 대표자들은 권력을 왜곡할 수도 있고, 남용할 수도 있다. 루소가 주권이 위임될 수 있다는 개념을 극렬하게 비난한 것도 이러한 이유 때문이다. 법이 일반 의지의 표현으로 남아 있기 위해서는 주권이 국민의 손에서 빠져나가서는 안 된다. "일반 의지가 행사되는 것이 주권인 이상, 그것은 절대로 양도될 수 없다"(《사회계약론》, 2권 1장)고 루소는 쓰고 있다.

루소는 국민의 권위가 그 대리자들에게 위임될 때 생겨날 수 있는 모든 위험을 예감했다. 신성시되어진 일반 의지라는 명목으로 국민의 대표자들은 가장 심한 독재를 할 수도 있다. 프랑스 대혁명 이후에 로베스피에르와 생 쥐스트는 일반 의지의 선언을 위하여 국가의 이해에 대한 그들의 개념을 포기하기를 단념하지 않을 것이다.

그러므로 권력이 국민의 소유로 남아 있는 것은 하나의 이상에 불과할 것이다. 그러나 그것은 우리의 근대 민주주의에서 심각하게 여겨지지 않는다. 너무도 많은 시민의 숫자는 극복할 수 없는 장애를 만든다. 법에 대해 논쟁하고 결정하기 위해 어디에서 그 많은 수가 모여야 할까? 직접 민주주의는 우리에게 있어서 영원히 지나간 시대의 아우라만을 간직할 수 있을 뿐이다.

게다가 대표의 원리란 루소가 짐작하지도 못했을 장점을 가진다. 그것은 의회 민주주의가 국민들을 자신들의 변덕으로부터 보호해 준다는 점이다. 국민의 여론은 상황에 따라 변한다. 사람들은 어제 탄핵한 것을 오늘은 긍정적으로 결정할 수도 있다. 안정성이 있어야 하지 않을까? 대표자의 선출은 권력의 영속성과 계속성을 보장해 준다. 국민들이 보통 선거에서 원하는 것은 대리자들이 우발적인 후회나 급변으로부터 영속성을 완수할 책임을 지니는 것이다. 국민의 대표자들은 우발적인 **대중적 의지의 약점**을 완화해 준다. 간단히 말해서 국민의 권위를 행사하기 위한 권한을 가진 사람들은 그들이 행한 약속으로부터 멀어질 수도 있고, 국민으로 하여금 자신들의 의지에 충실히 머물라고 강요할 수도 있다. 이러한 경우 대표 체제는 전혀 압제적이지 않은 권력의 도구가 된다.

• 국가가 인간의 자유를 침해하지 않기 위해서 국가는 스스로 국가의 권력을 제한해야만 한다. 권력은 권력을 남용하는 사람을 타락시키고 충동질한다. 그러므로 국가가 어떤 경계를 넘어서지 않도록 스스로 금하는 절차들을 고안하는 것으로 충분하다. 몽테스키외가 제안한 해결책은 반대 세력이 존재해야 한다는 생각에서 나온 것이다. 그것이 바로 입법부 · 행정부 · 사법부로 권력이 분권되어야 한다는 유명한 명제이다. 사실상 분리보다는 연합이 더 문제가 된다. 각각의 권력은 서로 다른 힘을 제한한다. 그것이 권력의 남용을 막을 수 있는 균형의 상태를 만들어 준다.

게다가 국민의 주권은 무제한이어서도 안 된다. 국민의 주권은 일반적 관심의 대상에만 행해져야 한다. 만약 일반 의지가 어떤 특정한 대상에 집중된다면 이 대상과 관련해서 그것은 더 이상 일반적이 될 수가 없다. 일반 의지는 자기와 상관없는 것을 정의롭게 판결할 수가 없다. 예를 들어 루소가 제안한 바와 같이 "법은 어떤 특권이 있을 것이라는 것을 잘 판단할 수 있다. 그러나 법이 어떤 사람을 지명하여 그 특권을 줄 수는 없다. 또한 법은 여러 시민 계급을 만들 수 있지만, 그 계급에게 이러이러한 사람을 받아 주라고 지명할 수는 없다."(《사회계약론》, 1권 6장) 국민은 개인적인 목적에 관련된 모든 것에 의사를 표시해서는 안 된다. 왜냐하면 자신과 관련이 없다고 판단하게 되면 부정의하게 될 수도 있기 때문이다. 그러므로 국민의 권력은 정의와 법이 그어 준 경계 안에 한정된다.

마지막으로 가장 강력한 반대가 남아 있다. **일반 의지**가 정확하게 **국민의 의지**와 일치되는가? 만일 모든 사람이 일반 의지 안에서 모여지지 않는다면, 다수가 소수에게 자신들의 견해를 강요할 것이 분명하기 때문이다. 만일 투표함에서 나온 결과가 모든 사람의 의지가 아니라면 우리는 권력이 적용되는 사람들과 무관하게 권력의 틀(다수의 권력)로 되돌아갈 위험이 있지 않을까?

어떤 진실에 대해 우리는 투표로 그 타당성을 결정할 수 없다. 그 숫자도 사실과는 상관이 없다. 단 한 사람이 모든 사람에 반대하여 옳을 수도 있다. 개인적인 기호가 문제시될 때에는 만장일치 대신 다수결의 원리에 찬동한다. 그러나 표현되는 것은 일반의 이해가 아니라 다수의 이해이다. 언제나 다른 부분에 굴복된 시민들의 환원할 수 없는 부분이 존재할 것이다.

우리는 우선 이 문제에 대해 다수결의 원칙이 원래의 만장일치의 연속이며, 사회 계약의 경우 모든 사람이 만장일치로 다수가 법의 힘을 가지고 있음을 인정하는 것이라고 대답할 수 있다. 물론이다. 그러나 다수 앞에서 양보하더라도 우리가 의지보다는 신중함에 의해서 행동해야 한다는 문제는 여전히 남아 있다.

그리고 나서 우리는 루소와 더불어 **모든 사람의 의지**와 **일반의 의지**를 혼동해서는 안 된다고 대답할 수 있다.(《사회계약론》, 2권 3장 전체 참고) "일반 의지는 공동의 이해에만 관련되는 것이고, 모든 사람의 의지는 사적인 이해에 관련된다." 그러므로 시민으로서 우리들 각자는 일반 의지를 추구하도록 선동되고, 그것이 또한 개별적 이해의 추구로 이어질 수도 있다. 모든 개인은 시민으로서 일반 이해를 원한다. 왜냐하면 그들은 일반 이해가 자신들의 개별 이해를 실현시키는 조건임을 알고 있기 때문이다. 의지는 그것이 만장일치거나 다수라고 해서 일반적이 아니고, 그것이 일반의 이해를 목적으로 하고 있기 때문에 그러하다. "의지를 일반화시키는 것은 목소리의 다수가 아니라 그 목소리들을 연합하는 공통의 이해이다"라고 루소는 쓰고 있다.

따라서 일반의 이해는 존재한다. 일반 의지를 아는 것이 어려운 일이다. 그래서 투표가 다수에게 고유한 특별한 의지뿐 아니라 일반의 의지를 드러내기 위해 국민에게 올바르게 질문할 필요가 생긴다. 그러므로 법이 어떤 투표에 부쳐질 때 시민들은 자신들의 개인적인 이해 관계를 고려해서 의사를 표현해서는 안 된다. 그리고 개인의 기호에 근거해서 시민들이 측정되어서는 안 된다. **그들에게 요구되는 것은 제안된 법이 공동의 이해 관계에 합치하느냐를 말하는 것이다.** 공동의 이해 관계는 결국 자신들의 이해 관계이기도 하다.

국민들이 일반 이해 관계의 목적에 대해 반드시 질문을 받아야 한다는 사실 이외에 하나의 조건이 더 요구되는데, 각자는 스스로 판단해야 한다는 것이다. 이러한 약관은 특별한 이해를 대변하는 정당들의 영향을 배제하는 것을 목적으로 한다.

"투표권을 계산하는 것으로부터 일반 의지의 선언이 나온다." 이 말은 다수의 투표가 일반 의지를 나타낼 수 있다는 것을 의미한다. 투표에 의해 거부된 사람은 일반 의지라고 생각했던 것에 대해 그가 잘못 판단하고 있었다는 사실을 발견하게 된다. 그러므로 투표의 견해에 순종하는 것은 자유스러운 일이다. 왜냐하면 그 견해는 우리의 의지와 다름없는 일반 의지의 표현이기 때문이다. 이것은 법이 자유로워야 한다는 격언에 의미를 부여한다.

3. 정치적 자유와 개인적 자유

• 그러나 국가가 어떤 자유를 보장하는가? 개인의 자유와 정치적인 자유가 혼동되어서는 안 된다.

정치적 자유란 **시민들이 권력에 적극적으로 참여하는 것을** 의미한다. 고대인들의 자유는 주로 이러한 특성을 가진다. 권리 평등(L'isonomia)은 주권의 분배에 있어서 평등함을 의미한다. 그러므로 고대 민주주의에서는 어느 누구도 다른 사람의 권력보다 우월한 권력을 행사하지 않았다. 시민의 자유란 정치적인 결정들에 대해서 현실적으로 영향력을 미치는 것이다.

《사회계약론》에서 루소는 법에 복종하는 것과 같은 자유에 대한 고대의 이상에 충실하고자 하는 정치적인 국가의 초석을 놓았다. 우리는 자율성에 대해서는 이미 말한 바 있다.

19세기 전반의 자유주의적인 저자들, 특히 벤야민 콩스탕은 현대인의 자유는 정치적 자유가 아닌 다른 곳, 즉 개인적인 자유의 행사에서 추구되어야 한다고 진단하였다. 콩스탕은 그의 유명한 〈현대인들의 자유과 비교되는 고대인들의 자유에 대하여〉라는 논문에서 "반복하건대, 개인적 자유 그것이 진정한 현대인의 자유이다"라고 썼다. **현대인의 자유는 사적인 즐거움에 일치하는 보장안에 있다.**

• 자유에 대한 두 관념은 서로 대립되는데, 그 두 관념은 전혀 다른 정치 체제를 따르고 있다.

현대인의 자유는 **대표제**의 정부 안에서만 의미를 가진다. 그러므로 권력이 몇몇 능력 있는 사람들에게 위임되어 있는 조직은 상당한 두 가지 장점을 제공한다. 우선 정치는 국가의 일에만 전념할 수 있는 능력 있는 전문가의 손에 위임된다. 그 다음으로 영향력 있는 사람들의 목소리에 의해서 개인들은 정치적인 일에 참여하는 수고를 벗어날 수 있다. 개인들은 이러한 속박에서 자유롭게 되어 그들의 시간을 개인적인 기호를 만족시키는 데 사용할 수 있다.

벤야민 콩스탕에 따르면 고대인들의 정치적인 자유는 실제적이었다. "국가의 주권에 대해 각 개인이 가졌던 몫은 오늘날 추상적인 가설과 같지 않았다." 그것은 주로 도시국가의 크기가 작고 시민의 수가 적기 때문이다. 오늘날 국가는 아주 규모가 크기 때문에 외따로 떨어진 한 개인이 미칠 수 있는 영향은 극히 미미하다. 그러므로 현대인들이 정치적인 자유를 보존하기를 원한다면, **그들은 많은 것을 희생하면서 아주 적은 것만을 얻는 오류를 저지르게 될 것이다.** 왜냐하면 현대성이라는 것은 인간에게 제공된 재산과 능력들을 증폭시키는 것이다. 정치적 행위는 그들의 시간과 에너지를 흡수할 것이며, 그 결과 그들은 개인적인 복지에 전념할 수가 없다.

고대인들은 현대인들에게 주어진 많은 즐거움을 비교적 누리지 못했다. "여론과의 관계, 산업과의 관계, 특히 종교와의 관계에서 어느것도 개인적인 독립이 주어지지 않았다." 그들에게 진정한 자유는 권력의 일부를 행사하는 일이었으며, 게다가 그들은 집단의 권위에 아주 강하게 의존하고 있었다.

현대의 대표 민주주의는 개인들에게 개인적 열망의 실현을 용이하게 할 수 있는 새로운 권리들을 엄청나게 가져다 줌으로써 자유의 영역을 확대시켰다. 따라서 국가는 이러한 개인적인 자유를 보호하기 위해 감시하는 일을 맡고 있다. 이러한 개인적 자유를 위해 지불해야 하는 대가는 정치적 자유를 포기하는 것이며, 루소는 이것을 여전히 개인의 소원이라고 부른다. 아마도 벤야민 콩스탕이 평가한 대로 이러한 손실에는 별로 고통이 따르지 않을 것이다. 그러나 인간을 위해 중요하게 여겨진 자유 자체에 대해서는 이러한 손실이 중요하지 않은 것은 아니다.

• 사실상 우리는 토크빌*이 '민주적인 독재'(《미국의 민주주의에 대하여》, 4부 4장)라고 부른 것에 빠질 가능성도 배제할 수 없다.

독립을 갈망하는 사람들은 자신들의 사적인 이해에 이끌린다. 그들은 라이프니츠의 단자들처럼 자신들의 취향의 영역에는 복종하지만 정치적 관계의 외재성에서는 벗어나 있다. 개인은 자신의 동향인들은 무시하며 "자기 개인으로만 존재한다."

그러므로 국가는 수호 권력처럼 보이며, **각자는 그 권력에 맹목적으로 복종한다.** 개인들은 그들의 대표자를 결정하는데, 이러한 일은 그들로 하여금 자신들이 여전히 주권을 보유하고 있다고 믿

---

* Tocqueville: 파리 출생. 노르망디의 귀족 출신으로 1827년 베르사유재판소 배석판사에 취임하였으며, 1831년 교도소 조사를 위해 미국으로 건너갔다. 귀국 후 《미국의 민주주의》(1835~1840)를 저술하였다. 이 저서에서 근대 민주주의 사회로의 이행을 필연적 현상으로 보았으며, 더 나아가 이러한 사회의 부정적 영향인 개인주의나 정치적 무관심 등에 대해서도 언급하였다. 그는 1833년 영국으로 건너가 J. S. 밀 등 자유주의자와 교류하였으며, 밀에게 큰 영향을 주었다. 1849년 외무장관을 지냈으며, 1851년 나폴레옹의 쿠데타에 반대하여 체포된 후, 정계에서 은퇴하고 역사 연구에 전념하였다.

게 하는 데 충분하다. 이러한 상황의 특징을 이야기하자면 **정치에 대한 민심의 이탈**이다. 개인들은 자신들을 **독립적**으로 놔두기만 하면, 즉 어느것도 그들의 행복을 실현하는 일을 막지 않는다면 자신의 권력을 사임하는 것을 인정한다. 정치적 관계는 쇠퇴하고 공동의 의사에 의해 결합된 공동체가 더 이상 존재하지 않는다는 것을 이해할 것이다. 국민은 집합체의 외적인 단위에 불과하다. 민주주의는 **광분한 개인주의 체제**가 되어간다.

이렇게 해서 잘 조절된 속박이 느낄 수 없을 정도로 천천히 생겨났다. 그들이 정치적 삶에 참여하지 않고 포기하면서 개인들은 국가가 자신들의 행복을 용이하게 해주고, 심지어 국가가 어느 정도까지 행복을 조성해 줄 것을 기대한다. 국가는 "시민들이 즐거운 일만 생각하면서 기뻐하기를 바란다. 국가는 국민의 행복을 위해 기꺼이 일한다. 그러나 국가는 유일한 동작주이며 절대적 지배자가 되기를 원한다. 국가는 국민의 안전을 준비하고, 그들의 필요를 예견하며 보장해 준다."

국가는 점차적으로 인간사의 모든 일에 간섭하게 된다. 이러한 이유로 토크빌은 전통적인 독재보다 **더 광범위한** 독재에 대해 말한 것이다. 반대로 그 독재는 폭력적이지 않고 **부드럽다**. "그 독재는 의지를 꺾지 않고 약하게 하며 복종시키고 의지를 제어한다." 그것이 자유를 점차적으로 약화시키는 것이다. 기쁨에 취해 인간은 자신을 망각하고, 자신의 자유 의지의 사용법을 상실한다. 국가가 자신의 행복을 준비해 주기를 기대하면서 인간은 자율성을 포기하게 된다. 그러므로 그는 자신의 예속 상태에 대한 책임이 있다.

국가가 자유를 제한하는가? 그렇다, 하지만 그것은 다른 사람들의 자유를 인정하기 위해서이다. 국가 밖에서는 자유도 존재하지 않는다.

우리의 현대 법치국가들은 심지어 매일매일 새로운 자유를 베풀어 준다. 인플레이션이 없는가를 자문하는 것이 부당하지 않을 정도이다.

그러므로 국가가 우리의 자유를 침식하는 것이 두려운 일이 아니고, 너무 많은 자유를 제공하는 것이 두렵다. 왜냐하면 우리가 결론을 이미 말했다시피 **인간이 정치에서 점점 더 손을 떼기 때문이다.** 그들의 이기적인 이해 관계의 보루를 구축하기 때문에 인간들은 국가 생활에 흥미가 없어진다.

각 개인들은 젖소만큼이나 축소된 국가의 유방을 빨고 있다. 독립은 인간들을 고립시킨다. 독립은 개인주의를 불러일으키는데, 개인주의란 각자가 자신에게 고유한 이해 관계의 규범을 자기에게 귀속시키는 것을 전제로 한다.

그것은 시민들을 통합해 주는 가치와 법에 복종하고자 하는 시민들의 공통된 의지를 국가가 재현해 준다는 사실을 잊은 것이다. 자율적인 개인은 자유로운 시민의 특징을 가진다. 정치적인 관계는 사람들로 하여금 의사 소통하게 만든다. 사회의 조직이 형성되고, 국가는 그 구성원들의 삶을 호흡한다. 시민들은 국가에 빚을 지고 있다. 다시 말해서 그들이 속하고 있는 공동체의 신세를 지고 있는데, 마찬가지로 국가도 시민들에게 역시 신세를 지고 있다.

【참고 사항】

우리는 더 고전적이고 평범한 주제를 찾을 수 없다. 문제는 그 자체로 쉽게 인식된다. 오늘날 법과 자유 사이에 양립 가능성의 문제를 자극하는 모순 없이 문제를 인식하기는 어렵다.

우리는 제시된 몇 가지 커다란 형태들에서 벗어날 수 없을 것 같다. 무정부주의자들의 사고와 마르크스주의의 국가에 대한 비판, 공화국에 대한 변호, 현대 민주주의를 와해시킬 위험이 있는 부드러운 독재에 대한 통고 등이 그것이다.

그러므로 피할 필요가 있는 결점은 교리문답을 암송하는 것 같은 일이다. 논의의 엄격성에 그 관심을 집중해야 하며, 어떤 유명한 공식(예를 들면 일반 의지에 대한 것)의 고양된 문체에 감정이 휩쓸려서는 안 된다. 사람들은 그 의미를 알지도 못하면서 말하는 데 만족하기 때문이다.

하지만 만일 우리가 문제삼고 있는 대표적인 두 가지 유형의 자유, 즉 **자율성**으로서의 자유와 **독립**으로서의 자유에 대해 강조하고자 한다면 이러한 주제는 철학적인 진정한 관심을 제공한다.

결 론

정치의 영역이란 세 변이 법·정의 국가로 이루어진 삼각형의 한계 안에 있는 모든 것이 될 수 있다. 이러한 개념들의 밀접한 관계는 정치적인 맥락의 기반이 된다.

국민의 각 개인은 모든 사람에게 동일한 권리를 가진다. 법을 중개로 한 재판은 이러한 권리가 보장받는 행위이다. 마지막으로 국가는 정의를 보장해 주는 탁월한 권위의 지위를 점유한다.

법은 정치의 **목적**이며, 정의는 법의 **실현**이고, 국가는 법의 **주체**이다.

이 용어들을 두 개씩 짝지어 고찰해 보면 분석이 더 세밀해진다. **법-재판**의 쌍에서 우리는 법이 없는 재판은 헛된 개념, 오히려 공허한 것이라는 바를 알게 된다. 법은 재판을 결정하며, 재판에 그 형태와 엄격성을 부여한다. 그러나 그 반대로 재판은 법을 완성해 주는데, 만일 법이 존중되지 않는다면 법은 죽은 글자나 다름없다. 정의는 법 안에 기입되어 있으며, 법은 정의의 정신과 행위에 의해서만 존속된다. 법과 정의 사이에는 몸과 영혼에 비유될 만한 실체적인 결합이 존재한다.

국가와 정의 사이를 보면 정의는 국가에게 국가가 지향해야 할 목적을 가리켜 준다. 국가에 의해서만 정의가 실현된다. 이것은 또한 국가는 정의보다 우월한 것이 아님에도 불구하고 국가는 재판을 유일하고 효과적으로 만든다는 의미이다. 우리는 정의를 신성시할 수 있다. 그러나 정의를 행사하는 기관을 신성시해서는 안

된다. 국가는 정의를 존속시켜 주는데, 이것은 그 스스로의 한계를 나타낸다. 왜냐하면 국가는 정의와의 불일치를 드러내기 때문이다.

법과 국가라는 두 용어는 철저하게 분리할 수 없는 것처럼 보인다. 요컨대 용어의 고유한 의미에 따르는 국가는 존재하지 않고 법의 국가가 있을 뿐이다. 그러므로 이러한 표현은 중복법의 가치가 있다. 국가는 법을 제정하는 동시에 스스로 조직되기도 한다. 법이 형성되기 이전에 국가 조직은 존재하지 않는다. 그러므로 법은 국가에 뼈대로 사용된다. 만일 국가가 인간들에게 행사하는 외부 권력의 형상으로 생각되는 것이 이해된다면, 그것은 어떤 기관이 내적인 구조와 구별되는 방식에서 기인할 것이다. 기관(예를 들면 눈)이 전체적으로 그 통일성에 의해서 국가를 나타낸다. 그 기관을 구성하고 있는 요소들은 법의 체계를 나타낸다. 마지막으로 기관의 기능은 우리가 말한 바와 같이 정의의 역할에서 드러난다.

우리의 삼각형은 법과 국가의 봉합 속에 다시 닫히게 되었다. 목적으로서의 법으로부터 주체인 국가까지의 거리를 측량하는 일은 어렵다. **왜냐하면 국가가 법에 명령할 때 명령하는 것은 사실상 법이기 때문이다.**

용어 설명

국가(État): 주어진 영토 위에 있는 사회를 다스리는 법과 제도의 체계이다. 국가는 법을 결정한다.

규범(Norme): 어떤 행동이나 법칙 혹은 어떤 재판의 가치를 평가하는 데 쓰이는 표준 계기이다.

법(Droit): 실정법은 사람에 의해서 제정된 것이다. 그러므로 나라에 따라, 시대에 따라 변할 수 있다. **자연법**은 보편적이고도 시간을 초월하는 가치를 지니고 있다. 자연법은 실정법의 규범이 된다.

법률(Loi): 법적인 규칙이나 정치적 규칙은 지배 권력에 의해서 제도화된 **명령이거나 요청**이다. 법률은 일반적인 대상을 향한다. 물리적인 법은 그것들 사이에(예를 들면 물체의 낙하 법칙) 어떤 현상들을 필수적으로 연결시키는 일정한 **관계**가 있다.

복종(Soumission): 복종이 자유로운 동의이고, 따라서 의지에 호소하는 것일 때 우리는 그것을 **의무**라고 한다. 복종이 강압에 의해서 행해질 때 **강제적**이 된다. 왜냐하면 복종은 필연이기 때문이다.

분배의 정의(Justice distributive): 각자의 재능에 따라 부를 나누어 주는 것. 분배의 정의는 비례적 평등에 근거하고 있다. 예를 들면 교환에 있어서 엄격한 평등에 근거한 **징계적 정의**와 반대된다.

사회(Société): 상호 의존에 의해서 서로 연관된 개인들의 총체. 사회는 유기체와 같이 조직되고 발전된다.

자연국가(État de nature): 시민 국가와 대립되는 것. 사회계약론의 사상가들(루소 · 홉스 · 로크 등)에 의해서 고안된 허구로, 자연국가란 인간이 사회에 입문하기 이전의 인간 상황을 서술하고 있다.

자유주의(Libéralisme): 국가의 유일한 일이 사람들의 권리, 즉 그들의 자유를 보호하는 것이라고 하는 논리이다. 그러므로 자유로운 국가는 사람들이 시장의 법칙을 신뢰하는 것을 전제로 한다. 반대로 **섭리적 국가**의 지지자들은 국가가 국가의 부를 재분배하는 데 개입해야만 하고, 사회 보장 급여를 제공해야만 한다고 주장한다.

판례(Jurisprudence): 법을 적용하는 학문. 그러므로 제도화된 법보다는 법정에서 선고된 판결로부터 시작해서 법의 규칙들을 만들어 가는 것이다.

합법성(Légalité): 제도화된 법, 말하자면 실정법에 일치되는 것이다. **합법적인** 것과는 다르다. 합법적인 것은 정당하지 않을 수도 있다. 이것은 법과 정의 사이에 거리가 있다는 것을 전제로 한다.

형평(Équité): 형평은 법적 정의를 교정해 준다. 그리고 법을 특별한 경우에 적용시키는 기능을 한다. 그러므로 형평은 법의 정신이기도 하다.

역자 후기

법, 정의, 국가는 우리가 가장 가까이 접하고 있으면서도 실제로는 그 개념조차 생각해 보지 않은 것이기도 하다. 어쩌면 개개인의 힘으로는 어찌할 수 없는 것이고, 나와는 직접적으로 상관이 없다는 막연한 생각 속에서 주의를 기울이지 않은 탓인지도 모른다. 그러나 주의를 기울이지 않는다고 해서 우리들이 법이나 국가와 상관없이 살 수 있는 것은 아니다. 비싼 권리금을 주고 상가에 전세를 들었는데 주인이 바뀌면서 그 권리금은 법적으로 아무런 보장을 받지 못한다는 사실을 알았을 때 우리들은 당혹스러움에 빠지게 된다. 젊은이는 국가의 부름을 받고 자신의 호불호(好不好)와 상관없이 군대에 가야 하며, 한 군인으로서 전혀 원하지 않는 전쟁터에 내던져지기도 한다. 국가나 법은 분명 우리 인간들이 만든 것이지만, 세월이 흐르고 상황이 바뀌게 되면 본래의 의도와는 상관없이 우리 인간들을 억압하는 살아있는 실체가 되기도 한다. 이러한 현상을 에밀 뒤르켕이라는 사회학자는 '사회적 사실'이라고 개념지은 바 있다.

법이나 국가는 뒤르켕의 표현대로 한다면 개인의 밖에 있으면서 개인에게 압도적인 영향력을 행사하는 사회적 사실이다. 따라서 우리는 국가나 법의 문제에 대해서 관심을 기울일 필요가 있다. 이러한 관심은 국가를 경영하는 정치가나 행정관료가 되기 위함도 아니요, 전문직업인으로서의 법률가가 되고자 함도 아니다. 우리들의 삶에 압도적인 영향을 미치는 국가와 법의 문제에 관심을 기울이는 것은 시민적 자유와 삶의 질을 높이는 데 있어서 필수적인 교양이라 하겠다. 국가와 법의 문제에 관심을 기울일 때 우리가 생각해야 할 가치 기준이 여러 가지 있겠지만, 그 가운데 가장 중요한 것은 정의라고 할 수 있다.

정의는 사회 관계를 조정하는 핵심적인 기준이요, 가치이기 때문이다.

그런 의미에서 이 책은 우리가 몸담고 살고 있는 국가와 사회의 문제, 법과 정의에 문제에 대해 간략하고도 깊이 있는 내용을 제시하고 있다. 법, 정의, 국가라는 세 가지 항목에 각각 세 개의 주제를 구분하여 밀도 있게 접근한다. 필자는 법에 대해 살펴보기 전에 먼저 권리와 의무에 대한 문제를 제기하면서 동물도 권리를 가지는가에 대해 질문한다. 권리를 이해 관계와 연결지어 볼 때 인간은 동물들에 대하여 불필요하게 고통받지 않을 권리만을 인정한다. 그것은 동물에 대한 의무가 아니라 동물을 대하는 인간 자신에 대한 의무이다. 그 다음으로 필자는 '법의 힘'과 '힘의 법'과의 긴장 관계를 다루면서 자연법에 대해 설명하고 있다. 이러한 자연법에 근거하여 인간의 권리와 시민의 권리에 대해 설명한다.

다음으로 정의의 문제를 다루면서 정의가 불공평할 수 있는 경우와 정의로운 행위가 복수가 될 위험에 대해 말하면서 필자는 정의와 법률의 관계에 대해 논하고 있다. 이 문제에 대하여 '법의 불평등' '사회·경제적 불평등'과 '기회의 불평등'을 구분하고 있으며, 사회적 정의라는 개념을 특히 심도 깊게 다루고 있다. 또한 일반인들이 정의에 대한 지식을 가지고 있는지를 물으면서 정의의 개념, 정의에 대한 학문, 신중함 등을 소개한다. 그리고 정의로운 행동이 보복 행위가 될 수 있음을 지적한다. 공화제 국가는 재판이라는 법적 장치를 통해 죄에 상응하는 형벌을 부과함으로써 개인적인 복수심을 억제하고 정당한 복수의 길을 열어 놓는다.

이 책은 마지막으로 유기체로서의 국가와 국시에 대해 설명한다. 개인의 이해 관계와 필요에 의해 사회가 형성되었다면 국가는 권리에 의해 설립된다. 그러나 사회이건 국가이건 전체와 부분 간의 관계는 유기체 세포들의 상호 의존 메커니즘을 환기시킨다. 또한 국가의 존재 이유로서의 국시는 국가 구성원의 의견을 넘어서 존재하는 것으로 민주주의의 딜레마가 된다. 국시는 도덕적인 영역과 갈등을 일으키면서 국가의 이해 관계에 관여한다. 국시를 문제삼을 때 수단과 목적이라는 문제가 파생되는데, 국시는 수단-목적의 논리를 초월한다. 그럼에도 불구하고 인간의 기본권을 유지해야 한다는 사실은, 국시를 내세워 국가가 인간의 자유를 억압하는 것에 대하여 문제를 제기한다. 그러므로 국가는 지배의 도구인 동시에 자유의 보증인이라는 상반되는 역할을 수행하게 된다.

이상과 같이 《법, 정의, 국가》에 대해 간략하게 개관해 보았다. 이 개념들은 가장 흔하게 접하는 것이면서도 또한 가장 무관심하게 지나쳐 온 것이기도 한다. 이 책을 번역하면서 평소에 깊게 생각해 보지 않았던 중요한 개념들을 접할 수 있는 좋은 기회를 가지게 된 것에 감사한다. 늘 좋은 책 만드는 데 헌신하시는 신성대 사장님과 원고를 다듬고 편집해 주신 여러분께 감사드린다.

2003년 6월, 민혜숙

민혜숙
연세대학교 불어불문학과 졸업
동대학원(문학석사, 문학박사)
현재 광주대, 전남대, 호남신학대학 강사
학위논문: 〈《잃어버린 시간을 찾아서》의 욕망의 문제〉
1994년 〈문학사상〉을 통해 소설가로 등단
전남대학교 대학원 국어국문학과(문학박사)
학위논문: 〈1990년대 한국 소설의 불안의식 연구〉
소설집 《서울대 시지푸스》(문학과 지성사)
역서: 《사랑론》(탐구 크세즈 문고), 《종교 생활의 원초적 기능》(민영사)
《문학비평방법론》《융분석비평사전》《조와》(東文選) 등

현대신서
137

법, 정의, 국가

초판발행 : 2003년 6월 20일

지은이 : 아르노 기그
옮긴이 : 민혜숙
총편집 : 韓仁淑
펴낸곳 : 東文選
제10-64호, 78. 12. 16 등록
110-300 서울 종로구 관훈동 74
전화 : 737-2795

편집설계 : 李姃旲

ISBN 89-8038-294-4 94100
ISBN 89-8038-050-X (현대신서)

【기 타】

東文選 現代新書 94

진정한 모럴은 모럴을 비웃는다

— 책임진다는 것의 의미

알랭 에슈고엔 / 김웅권 옮김

오늘날 우리는 가치들이 혼재하고 중심을 잃은 이른바 '포스트 모던'한 시대에 살고 있다. 다양한 가치들은 하나의 '조정적인' 절대 가치에 의해 정리되고 체계화되지 못하고, 무질서하게 병렬적으로 공존한다. 이런 다원적 현상은 풍요로 인식될 수 있으나, 역설적으로 현대인이 당면한 정신적 방황과 해체의 상황을 드러내 주는 하나의 징표라고도 할 수 있다. 자본주의의 승리와 이러한 가치의 혼란은 인간을 비도덕적으로 만들면서 약육강식적 투쟁의 강도만 심화시킬 우려가 있다. 그리하여 사회는 긴장과 갈등으로 치닫는 메마르고 냉혹한 세계가 될 수 있다.

개인의 자유와 권리가 확대되고, 사회적인 구속이나 억압이 줄어들면 줄어들수록 개인이 져야 할 책임의 무게는 그만큼 가중된다. 이 책임이 그의 자유와 권리를 보장해 주는 것이다. 개인의 신장과 비례하여 증가하는 이 책임이 등한시될 때 사회는 퇴보할 수밖에 없다. 기성의 모든 가치나 권위가 무너져도 더불어 사는 사회가 유지되려면, 개인이 자신의 결정과 행위 그리고 결과에 대해 자신과 타자 앞에, 또는 사회 앞에 책임을 지는 풍토가 정착되어야 한다. 그렇기 때문에 안개가 자욱이 낀 이 불투명한 시대에 책임 원리가 새로운 도덕의 원리로 부상되고 있는 것이다. 또한 어떤 다른 도덕적 질서와도 다르게 책임은 모든 이데올로기적·사상적 차이를 넘어서 지배적인 담론의 위치를 차지할 수 있다. 그것은 사회적·경제적 변화와 구속에 직면하여 문제들을 해결하기 위해 나타난 '자유의 발현'이기 때문이다.

東文選 現代新書 98

미국식 사회 모델

쥐스탱 바이스

김종명 옮김

　미국 (똑)바로 알기! 미국은 이제 단지 전세계의 모델이 아니다. 미국은 이미 세계 그 자체이다. 현재와 같은 군사적·문화적·경제적 반식민 상태에서 우리가 미국을 제대로 바라볼 수 있을까? 우리는 미국을 얼마나 알고 있으며, 또 한국과 미국의 비교는 가능한가? 한편으로는 대북 문제에서부터 금메달 및 개고기 문제에 이르기까지, 다른 한편으로는 병역기피성 미국시민권 취득에서부터 미국 가서 아이낳기 붐에 이르기까지, 사사건건 구겨진 자존심에 감정적으로 대응해서야 어찌 미국을 제대로 알 수 있겠는가.

　본서는 구소련의 붕괴 이후 자유주의 모델의 국가들 중에서 다른 어떤 나라들보다도 더 보편성을 추구하였고, 그래서 전인류에게 모범이 될 만한 사회·정치를 포괄하는 하나의 체계, 즉 완비된 모델을 제시하려고 노력하는 미국과 프랑스를 비교·분석하고 있다.

　유럽의 계몽주의에 뿌리를 둔 미국과 프랑스의 보편주의는 미국과 구소련 사이의 대립 앞에서 오랫동안 인식되지 못했으나, 냉전이 끝난 오늘날에는 이 둘의 차이가 새삼스레 부각되고 있다. 한때 그 역사적 몰락이 예고되었다고 믿었던 미국의 힘이 1980년대말 이래로 전세계에 그 광휘를 드러내고 있으며, 이전의 그 어느때보다도 더욱 전세계에 그들의 행동 양식과 경제에 대한 가르침을 주려는 기세이다. 이와 달리 연합된 유럽을 대표하는 프랑스식 모델은 거의 배타적으로 영향력을 행사하는 미국식 모델 때문에 점점 외부로의 영향력을 상실하고 있고, 내적으로도 그 정체성을 잃어가고 있다.

　바로 이런 시점에서 본서는 유럽의 견유주의를 대표하는 프랑스식 모델과 윌슨주의를 표방하는 미국식 모델이 정치적·경제적·사회적 측면에서 어떻게 다른지를 비교·분석해 주고 있다.